U0010933

攝影／朱予安

旅行世界，
非玩不可的交通工具

編　著◎太雅生活館

太雅生活館

移動的方式，
決定了旅行一半的樂趣

　　旅行就是一種移動，而交通工具無疑是旅行中最重要的課題，有鐵道迷千里跋涉只為一節經典車廂的瘋狂，也有非此車無法繼續旅途的必要性，更多時候，交通工具則是旅人融入當地生活最快的方式之一。

　　這本書裡提到的，是世界玩家們繞了地球一圈，精挑細選出超過60種最值得體驗的交通工具。可曾坐過菲律賓吉普車改裝而成的巴士吉普尼？你知道讓大象載著進入叢林能找到更多野生動物？日本的JR是從不誤時的火車？到倫敦玩怎能忽略雙層巴士經典的紅色身影……包括天上飛的、地上跑的、水裡划的；含括機器、獸力、人力；經典的、舒適的、趣味的、特殊的、難忘的……都是旅行世界，非玩不可的交通工具。

主編 劉育孜

【作者群】

馬繼康－喜歡從交通工具裡找尋旅行與移動樂趣的旅行者
王瑤琴－足跡踏遍超過50個國家，跟著他見識最有特色的交通工具
陳婉娜－帶你搭乘飛上天的熱氣球、穿梭森林的蒸氣火車、橫跨美國的火車
張懿文－道地的紐約客，帶你搭乘最有紐約風格的交通工具
魏國安－日本、香港旅遊達人，熱衷研究交通時刻表的超級背包玩家
吳靜雯－經常留連倫敦、巴黎、義大利，介紹歐洲最經典的交通工具
朱予安－熱愛旅行的她有說不完的故事，聽聽她的交通工具奇聞
語　恬－帶著女兒家人玩遍各地，推薦最難忘的交通工具給大家
黃晴怡－擁有強烈冒險精神的玩家，帶你一探駱駝背上的沙漠風光
王光玉・陳國瀚－曾騎馬、牽駱駝橫越蒙古國的夫妻。旅行與探險就是生活。

攝影／王瑤琴

Contents目錄

2 編輯序‧作者群介紹

歐洲非玩不可的交通工具

8 倫敦‧雙層巴士
旅行倫敦最難忘的紅色身影

12 倫敦‧黑頭計程車
號稱倫敦萬巷通的黑色俠客

16 威尼斯‧剛朵拉
與威尼斯最夢幻的邂逅

18 威尼斯‧水上巴士
在水都，沒了它就像沒了腳

20 巴黎‧賽納河蒼蠅船
載無數旅人完成遊賽納河的夢

24 威爾斯‧斯諾頓高山蒸汽火車
攀登高山一點都不難

26 馬爾他‧公車
有著ET大眼睛的可愛公車

28 希臘‧窄軌與寬軌火車
寬寬窄窄走遍全希臘

30 希臘‧島嶼交通船
愛琴海跳島旅行的最佳工具

34 希臘‧登山火車
穿梭峽谷、驚喜不斷的鐵路

36 希臘‧騾子計程車
不跳錶、不超速的另類Taxi

美洲非玩不可的交通工具

40 美國‧鐵路之王
一鼓作氣橫越大美國

44 美國‧滑坡雪輪
冰天雪地中最hot的玩法

46 阿拉斯加‧穿山火車
把車開上火車，
翹起二郎腿就能到目的地

48 阿拉斯加‧破冰船
不乘風破浪卻更驚險難忘

50 舊金山‧金門公園八人座協力車
一台車有8個司機的
闔家團圓車

52 舊金山‧叮噹車
噹噹噹，
舊金山最歡樂的車子來了！

56 舊金山‧蒸汽火車
載你逛世界上最古老的紅木林

60 納帕酒鄉‧熱氣球
速度、高度、能見度絕佳的
飛行

64 紐約‧羅斯福島空中纜車
紐約最刺激的視野

66 紐約‧百年地鐵
百歲高齡的城市命脈

70 紐約‧雙層巴士
高人一等玩遍紐約的好方法

72 紐約‧史坦頓島渡輪
曼哈頓、我來了！

74 波士頓‧水陸兩棲鴨子車
可以開著衝進水裡的車才過癮

76 紐奧良‧慾望街車
白天黑夜一覽紐奧良風情

亞洲非玩不可的交通工具

82 日本‧JR列車
到日本沒搭過JR算你利害！

84 北海道‧鐵道員列車
列車前進，電影場景如樣呈現

86 北海道‧鈴蘭號蒸氣火車
搭蒸氣火車進入劇中的場景

88 北海道‧函館電車
隨上隨下、無限次的悠哉

90 日本本洲‧SL川根路號蒸汽火車
日本蒸汽火車復興運動的先驅

92 印度‧恆河手划小舟
遊蕩感受豐富的聖河風景

94 印度‧機動三輪車
街頭版的李棠華外掛特技團

96 印度‧人力三輪車
省錢的人力計程車

98 印度‧雜牌軍巴士
最接近印度人的移動方式

100 印度‧觀光地大象
高度、速度都叫人印象深刻

102 印度‧臥舖火車
享受餐點送到床頭的舒適愜意

104 孟買‧通勤火車
「擠」出通勤列車的叢林法則

106 孟買‧TATA國產計程車
當地計程車的主流車種

108 孟買‧雙層巴士
車還沒停，
乘客已完成上下車動作

110 喀什米爾‧西卡拉
載人載貨、買賣生活全靠它

112 斯里蘭卡‧中央山地火車
充滿茶香的火車之旅

114 尼泊爾‧奇旺國家公園
大象、獨木舟
更貼近拜訪野生動物的法寶

116 埃及‧三角桅帆船
給我風，其餘免談！

118 菲律賓‧吉普尼
就是要吸引眾人目光的
騷包模樣

120 泰國‧嘟嘟車
在曼谷街頭上演007龐德特技

122 泰國‧曼谷53號公車
一台車跑遍精華路線

124 泰國‧曼谷摩托計程車
打敗塞車惡夢的最佳選擇

126 柬埔寨‧鐵火車
車裡車頂都能坐人，
雞鴨牛也跟著上車

128 韓國‧雪嶽山纜車
一路攀高體會天險的峻峭

130 韓國‧阿爸村渡輪
「藍色生死戀」中的渡輪

132 蒙古‧騎馬乘駱駝搭牛車
廣大草原上移動的最佳幫手

134 江南水鄉‧扇板船
穩穩靜靜地划入歷史中

136 武夷山‧竹筏漂流
體會輕漂萬重山的快意

138 香港‧山頂纜車
45度傾斜的上山經驗

140 香港‧雙層巴士
居高臨下體驗動感香港

142 香港‧天星小輪
維多利亞港間的浪漫擺渡

144 香港‧電車
搭叮叮感受老香港的懷舊風貌

非洲 非玩不可的交通工具

148 突尼斯‧TGM電車
非洲第一條電力驅動的鐵路

150 突尼西亞‧紅蜥蜴列車
欣賞西爾札峽谷岩石型態

152 摩洛哥‧駱駝
沙漠之旅因牠而完整

澳洲 非玩不可的交通工具

156 紐西蘭‧基督城電車
在基督城玩不必租車

Europe

歐洲

倫敦・雙層巴士
旅行倫敦最難忘的紅色身影

撰文・攝影：吳靜雯

RouteMaster(馬路大師)的紅色身影

逐漸淘汰中的老公車,目前只保留少數幾條舊公車行駛路線

外表透露著老牌公車的氣勢

上層有著蒸氣小火車的可愛感

發展起源

　　1829年第一種定時行駛載客的交通工具開始於倫敦瑪莉列柏妮路(Marylebone St.)和英國銀行間行駛,而「Bus」這個字也是由法文的Omnibus(給所有人的)演變而來的。 最早的公車是由馬拖拉的一層艙板車,但在尖峰時刻,許多人都會爬到車頂,因而產生車頂的座位。後來演變為我們現在所看到的雙層巴士(Double Decker)。

　　1954年起,人們將蒸汽火車的技術應用到汽車上,過去的馬車被淘汰掉,以較平穩的汽車取代,但是依舊保留雙層的艙座,只是在後車廂多加了可通往上層的樓梯。

　　但很不幸的是,由於殘障人士和老人上下雙層巴士不便,倫敦交通局開始要慢慢地淘汰最舊型、卻也是最有英國氣派的紅色雙層巴士,改以新型的雙層巴士以及運載量較大的單層聯結巴士服務乘客。

最大特色

穿梭在倫敦大街小巷的紅色身影以及黑色大頭計程車,與倫敦的大笨鐘有著同等的地位,是倫敦不可磨滅的表徵。號稱RouteMaster(馬路大師)的紅色身影,穿梭在倫敦的大大小小巷道,少了這紅色雙層巴士,倫敦,好像就不叫倫敦似的。

圓圓的大頭,下層外表透露著老牌公車的氣勢,而上層部分卻有著蒸氣小火車的可愛感。公車後車廂是開放式的,經常可以看到當地乘客匆匆忙忙地跳上已經開始行走的公車,成功跳上車後,總露出那麼一點:「瞧!我可是道地的倫敦人呢!」的氣派。上下班時間公車運載量非常大,所以許多乘客帥氣地吊在車尾,這也是倫敦公車的另一大經典。

其實搭乘巴士最過癮的是在上下班時間,跟著當地人急忙跳上這雙層老巴士,自己瞬間好像也變成了道地倫敦人,體驗到倫敦都會生活的步調。

如何體驗

倫敦公車總共有700多條路線,所以公車路線可說是比地鐵路線來得複雜多了,不過搭乘公車可比在地鐵毫無天日的遊覽方式要好得太多了。不但票價比地

載著想要快速瀏覽的倫敦客,逛遍倫敦各大景點的開放式觀光巴士。

鐵便宜,還可以飽覽倫敦的美景!

倫敦的雙層巴士分為舊型雙層巴士與新型雙層巴士,傳統的雙層巴士在後車廂上下車處有一位車掌負責收驗票,如果沒有事先買票的話,也可以向車掌購票。而新型巴士的外表與舊型巴士類似,不過並沒有車掌服務,只能從前門上車,中間車門下車。不過2005年底以後,所有舊型公車都會停駛,改為新型的雙層巴士及單層連結巴士。

新型、運載量較大的連結式巴士。

另外公車站牌方面也分為兩種,如果是白底紅標,那就表示這站公車必停,如果是紅底白標的話(標有Request字樣的站牌),則需要招手公車才會停車。下車時也一樣,如果是紅底白標站,則需要按車內的停車鈴,司機才會停靠讓你下車。

穿梭在倫敦街頭的紅色身影。

公車的單程票價在倫敦市區一律為1.20英鎊。

One Day Travelcard → One Day LT Card → 3 Day Travelcard → Family Travelcard → Carnet

倫敦聯合公車的標誌，代表著倫敦迎載來來往往的倫敦客。

由馬車頂轉變而成的上層車廂。

新型雙層巴士以較人性化的機能，逐漸取代舊型公車。

唯有老公車才有的車掌服務。

老式公車後車廂通往上層座位的旋轉式樓梯。

新型巴士只有司機一人服務，上車時可直接向司機購買車票。

上下班時間，可以看到匆匆忙忙的倫敦人熟練地跳上行走中的公車。

公車的單程票價在倫敦市區一律為1.20英鎊。原則上公車票與地鐵票通用，在地鐵票口即可購票，否則也可以上車時告知司機或車掌站名購票。票價分為1~4區，地鐵票的旅遊套票都可在指定的分區內任意搭乘公車、地鐵：

單日旅遊卡(One Day Travel-card)： 1~2區的票價為4.70英鎊(09:30以後)，尖峰時間為6英鎊，這種旅遊卡在星期一~星期五09:30以後，星期六~星期日整天都可在指定分區內任意搭乘。這應該是遊倫敦最便宜的方式。

單日LT卡(One Day LT Card)： 1~6區票價12英鎊。這種旅遊卡除了可搭乘公車、地鐵外，還可搭乘Docklands Light Railway及市區的BRI火車，搭乘時間不限。

3日旅遊卡(3 Day Travel-card)： 1~2區票價為15英鎊，可在尖峰時間搭乘。

全家旅遊卡(Family Travel-card)： 1~2區票價為成人每位3.10英鎊，小孩每位0.80英鎊，這樣的票價最多適用於兩位成人、四位小孩。

聯票(Carnet)： 票價為17英鎊，只限用於1區的10張回數票。從開票日起12個月內有限。

另外公車還有自行發行公車周遊券：
單日公車周遊券(One Day Bus Pass)：1~4區3英鎊。
7日公車周遊券(7 Day Bus Pass)：1~4區11英鎊。
公車聯票(Saver Ticket)：1~4區可用的6聯票6英鎊。

搭乘公車需要注意指定分區，公車站牌上都有標明區別，如果越區搭乘被發現的話，會被罰5英鎊。公車時刻表在公車站牌上都有標明，如果需要路線圖的話，可在部分地鐵站的資訊服務中心索取，或者也可向維多利亞巴士總站(Victoria Bus Station)索取。

車群中顯眼的紅色雙層巴士，掌管倫敦的大街小巷。

倫敦‧黑頭計程車
號稱倫敦萬巷通的黑色俠客

撰文‧攝影：吳靜雯

London
Black Cab

能容納5~6名成人

各種彩繪設計與廣告結合，為英國街頭增添了一點創意與幽默

優雅的流線設計

寬敞的空間

可以容納殘障者的輪椅、嬰兒推車

乘客與駕駛只能透過車內的麥克風交談

英國的計程車分為兩種，一種是Black Cab的黑頭計程車，另一種則為沒有執照的迷你計程車(Mini Cab)。

倫敦的計程車牌照及收費，也是世界上最難拿到、收費最高的計程車之一。

發展起源

　　與雙層巴士並列英國交通工具表徵的黑頭計程車(Black Cab)，其獨特的設計，全世界可只有英國才有這樣的計程車，就連阿諾史瓦辛格到倫敦時，都忍不住運回一輛老古董車回美國過過乾癮。此外，倫敦的計程車牌照及收費，也是世界上最難拿到、收費最高的計程車之一。不過，這也是把守黑頭計程車優良聲譽的原因。

　　這充滿英國皇家氣勢，早在19世紀就已開始運行的黑頭計程車，原以優美線條的奧斯汀車款為主，不過後來由於引擎的更新，於25年前改以London Taxi International發行的計程車，計程車造型仍然相同，依舊保有優雅的流線設計與寬敞的空間，不過早在30年前，傳統的黑色計程車早已開放色彩禁令，所以現在倫敦街頭的黑頭計程車可不再只是傳統的黑色俠客，更有著許多穿上各種彩衣的計程車，讓英國街頭更增添了一點創意與幽默。

有照的計程車通常會在車門上貼有Licensed Taxi字樣。

最新型的黑頭計程車慢慢退換掉舊型的黑頭計程車。

寬敞的內部空間可以容納5~6位成人。

Taxi司機。

亮燈的計程車為可載客的計程車，低垂的夜幕也因為它們更多了一點生氣。

司機多熟悉倫敦複雜的街道。

最大特色

黑頭計程車除了收費高昂、執照最難拿取以外，它的造型設計更是一大學問。除了氣派及優美的線條之外，其最大的設計特點在於寬敞的內部空間，它的設計規定一定要能容納5~6名成人，而且還要確定可以容納殘障者的輪椅、嬰兒推車等。此外，它還有一項相當貼心的設計，那就是為了要確保客人的隱私，乘客與駕駛只能透過車內的麥克風交談。駕駛座與後面乘坐區中間有玻璃相隔，所以乘客能夠享有相當大的隱私權。

以倫敦地區來講，要拿到倫敦計程車的駕駛執照，一定要具備相當豐富的知識(Knowledge)，光是摸熟大倫敦地區所有街道、地標、飯店等，就已經是相當困難的了，因為倫敦街道命名可說是世界屬一屬二的奇怪，High Street可能就有幾十條，而像這樣的例子可是多如牛毛，所以單是背好所有的街道，就一個頭兩個大的了，更何況倫敦是個腹地相當廣大的城市！此外，除了本身的知識之外，考試之前還要先做身家調查，確定參考者身家清白後，才有考試的資格，這也是為什麼乘坐有執照的黑頭計程車，總是給人一種安心的感覺。

老牌的黑頭計程車與紅色雙層巴士才是英國街頭的真正主人。

優美的車身造型，展現出英國的皇家氣勢。

30年前黑色禁令開放後，彩繪計程車充斥著英國街頭。

如何體驗

　　英國的計程車分為兩種，一種是有執照的計程車，也就是一般稱為Black Cab的黑頭計程車，有照的計程車在車門上貼有Licensed Taxi的字樣，另一種則為沒有執照的迷你計程車(Mini Cab)。通常有亮燈的計程車表示可以載客，否則也可以在街上一些計程車站乘坐，以跳表計算，官方說法是要付10%的小費，不過現今已經很少人這麼做了。如果是沒有執照的計程車的話，則要打電話叫車並詢問價錢，雖然說這種計程車通常會比較便宜，不過它的安全性當然比有執照的計程車還要低一點。

　　乘坐黑頭計程車最佳的時機莫過於與三五好友血拼倫敦街頭，兩手掛滿戰勝品累塌時，逛完街後可以與朋友共乘一輛計程車，黑頭計程車最多可以容納5個人，有時候分攤下來與搭乘公共交通工具還要便宜，而且又可享有寬敞、私密的空間，延續逛完街的奢華感，另外，如果要到不知確切位置的地點，也可將這樣的難題丟給倫敦萬巷通的黑頭計程車，您，就可以暢遊倫敦城了！

詳細資訊可參閱：

www.londonblackcabs.co.uk

電話：(020) 7272 0272

多人分攤計程車資，有時還比公共交通工具便宜。

威尼斯・剛朵拉
與威尼斯最夢幻的邂逅

撰文・攝影：朱予安

早期的剛朵拉的外觀是彩色或裝飾華麗的，直到西元15世紀，當地政府下令所有的船身都要改漆成黑色。

最早的剛朵拉在西元10世紀末就有紀錄了。

可乘6個人

威尼斯聖馬可廣場旁的剛朵拉停泊站。

水道上的剛朵拉常成了拍照的重點，同時也會被船上的觀光客反拍

船家習慣戴著黑色或紅色的帽子為客人服務

發展起源

在威尼斯船隻往來頻繁的運河上，可以發現一種非常有特色的平底船——Gondola(剛朵拉)。最早的剛朵拉在西元10世紀末就有紀錄了，船身均由木製的，船尾部分則是由鐵製。本身平底及船身窄長的特色，使剛朵拉可以輕易地行船於運河間。早期的剛朵拉的外觀是彩色或裝飾華麗的，直到西元15世紀，當地政府下令所有的船身都要改漆成黑色，好讓剛朵拉不再成為此市民互相炫耀財富或惡性競爭的工具。

最大特色

現在剛朵拉已經演變成觀光客體驗威尼斯水鄉澤國最浪漫的交通工具了，荷包飽飽的客人可以請樂師演奏或是邊欣賞美景邊啜飲著香檳，相信都是很特殊的經驗。現今船家習慣戴著黑色或紅色的帽子為客人服務，而每艘剛朵拉最多可乘6個人，可共乘或單獨包一條剛朵拉遊船，隨著船家熟練的技巧便可悠閒愜意的在大小橋

樑及運河間穿梭。夜晚也是有剛朵拉可以搭乘，蒙上一層夜色的神秘，與白天比起來又是另一種味道。

如何體驗

許多在運河兩岸的景點都可搭乘剛朵拉，旺季到威尼斯處處都是觀光客，搭剛朵拉可是要排隊。至於冬天避開了嘉年華期間的人山人海，也許可跟船家談個好價錢。搭著美麗的小船，微風徐徐吹來，更可貼近威尼斯的大街小巷。如果是大手筆與情人包船共遊，想必浪漫更不在話下。50分鐘的剛朵拉，一艘船白天62歐元，夜間則須加價至75歐元，每船最多6人搭乘。也有時間較短的，約25分鐘每艘船35歐元。有機會到威尼斯，一定要去體驗一下義式的浪漫風情。

威尼斯著名景點嘆息橋，也是剛朵拉遊船必經之景點。

冬天的威尼斯，由於天氣寒冷，剛朵拉的生意也不好，如要搭乘可殺價。

市中心水道上三兩遊船感覺非常悠閒愜意。

暑假的旺季，運河上可是擠滿了剛朵拉。

Venice Vaporetto

威尼斯‧水上巴士
在水都，沒了它就像沒了腳

撰文‧攝影：朱予安

發展起源

水都威尼斯是由一百多個島嶼組成，大小運河穿梭其間，並由400多座大小橋樑串聯起來。因市區內無法行車，船就成了最方便的交通工具。西元1881年時，就有以機械推進船為大眾運輸的記載。現今由 "Azienda del Consorzio Trasporti Veneziano"(A.C.T.V.)營運水上巴士(Vaporetto)，西元1978年10月1日創立。威尼斯諸島對外以一條沙洲上的鐵公路為主，市中心除了船也只能步行。

最大特色

大運河兩側的建築都漫精緻的，水上巴士在行走與停靠的時候也是拍照的好時機。有機會晚上搭乘夜船，味道又不同。隱約看到水道兩旁古代宮殿的華麗裝飾、水晶燈，雖然

威尼斯火車站旁的水上巴士站FERROVIA S.LUCIA。

威尼斯夜晚的華麗不因太陽下山而打烊。

大運河上,黃色的即為水上巴士的停靠站。

水上交通非常繁忙的大運河,有水上巴士、剛朵拉、水上計程車。

無法入內參觀也可過過乾癮。

受到海平面上升的,未來水都威尼斯也可能通地鐵。 據2005/4/15俄羅斯早報報導,威尼斯市長保羅科向媒體透露,目前水上巴士的承運能力已達極限,市區的交通體系期望能進行改造,也希望透過修建地鐵能減少當地人生活在威尼斯的成本。(引用自國際在線)

如何體驗

第一次搭乘威尼斯水上巴士,還拉著行李上,其實跟搭公車感覺有點像,一堆人擠在船艙內,如果運氣好站到船緣的好位子,感覺便像搭船遊河呢。水上巴士站都會有黃色的打票機,忘了打票被查票員抓到可是要罰錢。

眾多水上巴士路線中,以1號最受歡迎,主要行駛於市中心S型的大運河(Grand Canal),行經火車站以及主要景點,底站為Lido島。班次十分頻繁,甚至連半夜都還有8種路線的船班。水上巴士單程票3.5歐元,「Grand Canal Ticket」5歐元(可於90分鐘內無限制上下大運河的路線),24小時通運的一日券10.5歐元,三日券22歐元。

遊船於晚間尤其受到遊客的喜愛。

在過去的半世紀裡，最輕鬆也最能看盡巴黎美景的方式非以賽納河上的蒼蠅船(Bateaux-Mouches)莫屬了。

Paris
Bateaux-Mouches

巴黎・賽納河蒼蠅船
載無數旅人完成遊賽納河的夢

撰文・攝影：吳靜雯

扁平造型

半開放式的巴黎公船，不但可以暢遊賽納河，還可當作遊巴黎市區的交通工具

半開放式的透明玻璃間

發展起源

在過去的半世紀裡，最輕鬆也最能看盡巴黎美景的方式非以賽納河上的蒼蠅船(Bateaux-Mouches)莫屬了。從半開放式的透明玻璃間，遊客可以欣賞到最美麗的巴黎景緻，尤其是聖路易島(Ile Saint-Louis)與西堤島(Ile de la Cité)之間的歷史美景，當然，還有賽納河畔悠閒的巴黎人與四處可見的綠色垂柳。

蒼蠅船(Bateaux-Mouches，直譯為「飛船」)這個名稱的來源說法不一，其中一種是這個名稱來自於最古老的船運公司Compagnie des Bateaux-Mouches，源自船公司創始人Jean-Sèbastien Mouche之名，後來卻漸漸演變為賽納河遊船的統稱。另一種說法為，這種大型扁平船隻的出生地其實是里昂，19世紀時引進巴黎地區。它的扁平造型是為了里昂地區較多樹叢的河岸地形建造的。不過，無論真實名稱緣由為何，過了半世紀以後，賽納河上的蒼蠅船卻早已經聞名世界各地，乘載過無數位想要一圓巴黎美夢的遊客，沿著優美的賽納河，一一穿過巴黎的各座歷史古橋，訴說著巴黎的美麗與哀愁。

最大特色

目前遊船已經不再只是 Compagnie des Bateaux-Mouches船運公司的天下了。所以除了最原始的扁平大船外,目前又增加了許多類型的服務,像是船上各國語言的景點介紹,午餐、晚餐的服務。不過無論各家船家的服務是多麼的完備,其實賽納河本身就是蒼蠅船能吸引大批遊客的最大魅力。

乘坐著船隻慢慢穿過由亨利三世於1578年時放下第一塊基石的新橋(Pont-Neuf)、亞歷山大三世橋,到1996年最近完成的查理斯橋(PontCharles de Gaulle),此外,巴黎的建築原本就是以氣派與優雅著稱,光是欣賞沿岸的各大建築,就已經是嘆為觀止了,更別提最著名的艾菲爾鐵塔、羅浮宮、奧塞美術館、協和廣場、及聖母院等景點。

遊船於晚間尤其受到遊客的喜愛,沿岸各棟建築在燈光的照射之下,從賽納河上看到的巴黎,無疑的就是世界上最美麗、最浪漫的都市。而且船上的語音導覽,隨著船隻的速度一一介紹各個景點的歷史背景與特色,這是一趟最輕鬆,卻也是最有價值的遊船之旅。

巴黎公船仍舊延續蒼蠅船的傳統扁平設計。

蒼蠅船一圓遊客遊塞納河的夢。

半開放式的船艙賞景很方便。

極具設計感的巴黎公船購票處。

票價為7歐元，4～12歲兒童及65歲以上的老人為4歐元，4歲以下孩童免費，團體票(20人以上)為5歐元，學生另有折扣。

通常夏季時從早上10:00到晚上20:00，每30分鐘一班船，晚上20:00～23:00則每20分鐘發一班船。

搭船欣賞塞納河畔的建築，令人嘆為觀止。

如何體驗

目前除了 Compagnie des Bateaux-Mouches船運公司以外，最著名的為 Vedettes du Pont Neuf，這些都是比較屬於遊船性質的船運公司，可以搭配午餐及晚餐服務，除了欣賞賽納河景色外，還可以享用法式料理，其中有好幾家船家都打出頂尖廚師的名號，來吸引觀光客。

通常夏季時從早上10:00到晚上20:00，每30分鐘一班船，晚上20:00~23:00則每20分鐘發一班船。冬季時發船時間為11:00、14:30、16:00、18:00、21:00。票價為7歐元，4~12歲兒童及65歲以上的老人為4歐元，4歲以下孩童免費，團體票(20人以上)為5歐元，學生另有折扣。搭船處為地鐵站Alma-Marceau(9線)、RER路線C的 Pont de l'Alma站；公車為 42, 92, 63, 72, 80, 83, 28, 49；計程車站為Av. Georges 5街角。遊船時間為1小時。

另外，還有一種類似公車服務的公船，船型與蒼蠅船相同，由BATOBUS公司營運，可以購買一日或多日套票，隨時想要上船或下船都可以，

如果不想要擠地鐵或受搭公車時的塞車之苦，這倒也是相當好的巴黎交通工具，船隻每15~30分鐘一班船，淡季從早上10:30到下午16:30，春季及秋季則為10:00~19:00，夏季為10:00~22:00。1日票為11歐元，優惠票為7歐元(持有學生卡、RATP及SNCF卡者)，兒童票為5歐元；2日票為13歐元，5日票為16歐元，年票則為50歐元。停靠站共有8站，分別為Tour Eiffel、Champs-Elysees、Musee d'Orsay、Lourve、St-Germain-des-Pres、Notre-Dame、Hotel-Ville、Jardin des Plantes。

Compagnie des Bateaux-Mouches
地址：Pont de l'Alma, rive droite, 75008 Paris.
預約電話：01 42 25 96 10
E-mail：info@bateaux-mouches.fr
Vedettes du Pont Neuf
電話：01 42 25 96 10 /01 40 76 99 99
傳真：01 42 25 02 28
Compagnie des BATOBUS
地址：Port de la Bourdonnais, 75007 Paris
電話：0 825 05 01 01
傳真：01 4062 7510
網址：www.batobus.com

運載量較大的大型蒼蠅船。

較小型卻也較為奢華的蒼蠅船，提供豐富的午、晚餐服務。

乘坐蒼蠅船是欣賞巴黎各大景點最輕鬆、也最浪漫的方式。

新型、運載量較大的連結式巴士。

傳說，這裡是被亞瑟王軍隊打敗的偉大巨人Rhita，埋葬的地方，有些人相信亞瑟王的騎士們仍長眠於此山內。

如果真要省錢，最好的方法是在6月底前搭每天的第一班車。

Wales
Snowdon Mountain Railway

威爾斯・斯諾頓高山蒸汽火車
攀登高山一點都不難

撰文・攝影：語恬

發展起源

斯諾頓高山蒸汽火車，主率北威爾斯光榮跟古老的大地風光；在1085公尺的高度，傳說，是被亞瑟王軍隊打敗的偉大巨人Rhita埋葬的地方，有些人相信亞瑟王的騎士們仍長眠於此山內。

西元1869年，當蘭貝里斯Llanberis跟喀那芬Caernarfon，兩個城市，被西南火車連結起來後，興建斯諾頓高山蒸汽火車的主意被提出，且在那西南火車Llanberis-Caernarfon 線，於1960年停駛後，斯諾頓高山蒸汽火車，仍然繼續營業，甚至在二次世界大戰前後，仍沒有停止她的營運，至今，她的年紀已經超過一百歲了！

斯諾頓高山蒸汽火車在1894年12月，及1896年2月間從海拔353呎(107.6公尺)的藍貝里斯車站，建造到海拔3493呎(1065公尺)的山頂車站，在當時，建造此鐵路及火車共花費約7萬6千英鎊。

自從西元 1896年起，在英國，斯諾頓高山蒸汽火車，這一項無以倫比的、雄心勃勃、技藝非常高超的工程功蹟，建立在英格蘭及威爾斯境內最高山的山頂浮雲中，宛若鳥翼的鐵路，已經使得想在一生中，

司機下車探風速，確定我們只能到這兒。

完成攀登此山峰的心願，變得非常容易。

最大特色

在精緻可愛的票務窗口領完車票後，先觀賞13分鐘，令人敬畏動容的虛擬「到達斯頓的山頂」影帶，然後，正式上車出發，首先通過一片樹林，接著，在開始一段長長的在山脊向上爬升之前，會通過一座使人感動的高架鐵橋；在你於此山中攀升時，你可以傾聽火車司機的評論、透露出斯諾頓山的祕密，豐盛的風景、野生的原野，以及謎一樣的山。

天氣好的時候，從火車跟山頂看見的景觀，絕對令你驚訝尖叫，從山之巔可以遠望到男人島及愛爾蘭的Wicklow山，遼闊壯麗的景色，就深遠的在你眼前展開。在山頂停留30分鐘的期間，你可以欣賞一望無盡的視野，也可以使用山頂的設施，例如，寄一封明信片給家人、好友或自己，然後，原車便會帶著大家下山，從出發到返回山下車站，總共需時2個小時半。

 如何體驗

從喀那芬Caernarfon到蘭貝里斯，距離71/2 miles，或從最靠近的班加車站 Bangor，距離9 miles只要開車 15 分鐘即可到達，至於Bangor 和 Caernarfon Llandudno, Beddgelert 及 Betws-y-Coed夏天時這些城市均有公車可達蘭貝里斯。

接著在小鎮 Llanberis車站買蒸汽火車的來回票，如果想健行下山，有同伴的陪伴下，可以買單程票，車票接受出發前一天以上以信用卡預定，不接受當天的電話預定，電話號碼為： 0870 458 0033.

在斯諾頓山上氣候變化又大又快，甚至在蘭貝里斯氣候宜人的日子，山上卻能見度很低，切記山上溫度比山下可能差了好幾度，奉勸各位，攜帶保暖、防雨的衣物，天氣若真不允許，有時只停留在半山腰的Clogwyn站，也就是剛過了一半的路程的落磯山谷，此時票價也會退一部分給旅客，若遇氣候更差的時候，還會停止發車呢，當然就會全數退回車票費用。

火車只要天氣允許，3月中到11月的第一個星期，每天營運，但是山頂的Summit Station，只從5月中到10月間營運，也就是說3月中到5月間，火車只上到Clogwyn站。每天第一班車，出發的時間是早上9點，營業到下午，假日時，最後一班車回來蘭貝里斯延後到晚上5點。

如果真要省錢，最好的方法是在6月底前搭每天的第一班車，記得詢問票務人員，享受對折的優惠唷！

由月台望向售票辦公室的門口。

坐在第一排視野遼闊。

部份座位的形式是兩排對坐的。

在這兒看完錄影帶，發覺窗外的火車像一本很古老的書。

**Malta
Buses**

馬爾他‧公車
有著ET大眼睛的可愛公車

撰文‧攝影：王瑤琴

馬爾它島的公車主要行駛於首都瓦雷塔(Valletta)以及海濱城市斯里馬(Sliema)之間。

當年美國總統老布希和蘇聯總書記戈巴契夫就是在這裡舉行美蘇高峰會議。

有的公車座椅看起來有點老舊

外觀以黃色為主調

車燈造型像外星人ET的眼睛

最大特色就是裝設於車頭兩側的車燈

發展起源

提到馬爾它，很多人都不知道，但是如果說當年美國總統老布希和蘇聯總書記戈巴契夫就是在這裡舉行美蘇高峰會議，大家可能就會恍然大悟，因為這個會議結束了東西方的長期冷戰。

馬爾它(Malta)是地中海的島國，由馬爾它島、戈佐(Gozo)島、科米諾(Comino)島等三座小島組成。每座島嶼間的交通工具是渡輪，但是在馬爾它本島，日常生活中仍以搭乘公車最方便。馬爾它島的公車主要行駛於首都—瓦雷塔(Valletta)以及海濱城市—斯里馬(Sliema)之間，由於此地街道並不寬敞，所以馬爾它的公車以中型居多。

最大特色

馬爾它的公車可以分成普通公車和快速公車，外觀都以黃色為主調，最大特色就是裝設於車頭兩側的車燈，造型就好像外星人ET的眼睛，顯得十分可愛。

馬爾它的公車內部並無特別之

處，有的公車座椅看起來有點老舊，但是因為當地人生活步調比較悠閒，所以公車速度也不會太快，加上此地的公車司機，幾乎都可使用英語溝通，對於外國遊客而言，也算是一大福音。

此外，坐在馬爾它的公車內，還可聽到來自義大利西西里島的歌曲和音樂，原因是兩座島嶼相距不遠，所以馬爾它人都在屋頂架設天線、接收西西里島的電視節目和廣播。

如何體驗

在馬爾它搭公車，除了可以觀賞地中海港灣的風光以外，還可以在車廂內看到當地人的各種生活面相。

從首都瓦雷塔的公車總站，搭乘45號黃色公車，大約1小時車程，可以沿抵達著名的天堂海灣(Paradise Bay)。每當公車行經海灣，就可看到在此上下車的年輕人，好像都是穿著泳裝出門一樣，每個人的皮膚都曬得紅咚咚地，真不愧為島國居民。

馬爾它人的生活步調比較緩慢，夏季期間、由於氣候炎熱，因此每天下午3點以前，幾乎所有商店都暫停營業，而大部分的居民也都在睡午覺，這段時間公車也是停駛的。

快速公車的樣式比普通公車新穎。

公車造型雖有不同，但都以黃色為主調。

可愛公車的車燈造型好像外星人的眼睛。

公車路線沿著美麗的海灣行駛。

在戈佐島，遊客可包租小型公車暢遊各古蹟景點。

希臘・窄軌與寬軌火車

寬寬窄窄走遍全希臘

撰文・攝影：馬繼康

希臘火車類型不多，大概就只有兩種，包括每站都停靠的慢車，以及聯絡大城市間的城際火車(intercity)。起初的鐵路採寬軌，是為了能和巴爾幹半島乃至歐洲的其他國家能夠接軌。

夜行臥舖車。

火車時刻表

車票

發展起源

希臘的第一條鐵路在1835年由法國人規劃，但最後只在紙上談兵階段，並沒有實際建造，一直到1855年，第一條鐵路才興建完成，距離不長，只是由首都雅典到外港皮瑞埃斯港而已，但卻開啓了希臘的鐵路歷史。起初的鐵路採寬軌，是為了能和巴爾幹半島乃至歐洲的其他國家能夠接軌；後來為了便利國內的交通，因應多山的地形環境，而採用施工更方便的窄軌，因此同時並存兩套系統，成了希臘鐵路的一大特色。

最大特色

希臘的鐵路系統可分為兩種：一種是巴爾幹半島上的寬軌系統(1.44公尺)，這可以連結歐洲各國的鐵路，因此有從首都雅典直接通往英國倫敦的Acropolis Express和Hellas Express國際班次；另一種是通往伯羅奔尼薩半島的窄軌系統(1公尺)。兩者的起點都是在雅典，而且是不同的車站，拉利薩(Larissa)車站是通往歐陸及希臘中北部的班次，而伯羅奔尼索斯(Peloponnissos)車站則是通往伯羅奔尼薩半島的班次，車型和提供的服務也有所不同，一般來說，寬軌系統的列車有餐車和臥舖車種，窄軌則無。

如何體驗

希臘火車類型不多，大概就只有兩種，包括每站都停靠的慢車，以及聯絡大城市間的城際火車(intercity)。隨著公路交通的發達，火車的重要性逐漸被取代，不過一般說來，希臘火車的費用較巴士便宜，因此還是受到固定客層的青睞。尤其連結北方的第二大城塞薩隆尼基(Thessaloniki)和雅典之間有臥舖車行駛，對旅客來說省時又省下一晚住宿，算是相當方便。相關班次查詢可上希臘國鐵網站http://www.ose.gr。

夜行臥舖車2等車廂。

正在進站的火車。

火車正經過運河。

臥舖車內景。

寬軌列車中的餐車車廂。

Greek
Ferry

希臘 · 島嶼交通船
愛琴海跳島旅行的最佳工具
撰文 · 攝影：馬繼康

發展起源

希臘遠從上古時期的邁諾安文明時期，甚至在希臘神話故事中，就已有在地中海駕船航行的紀錄，那時的船是木造的，規模也沒現在的如此巨大，但在交通往來及貿易上所帶來的成果，卻使得希臘人稱霸地中海區域許久，發展出的璀璨文化也成為西方文明的起源。

希臘位在巴爾幹半島最南端，愛琴海上星羅棋佈的島嶼總共有1400多個，真正有人居住的只有169個，平時交通工具多半倚賴船隻，也因此造就如船王歐納西斯的龐大船運王國。除了在希臘各小島間穿梭外，也有到地中海其他國家的船班。船對希臘人的意義不只來自生活上的需要，還包含一種國力的展現。

不僅可以優雅自若的在甲板欣賞海景，還有餐廳及遊樂設施以供打發時間。愛琴海上星羅棋佈的島嶼總共有1400多個，真正有人居住的只有169個，平時交通工具多半倚賴船隻。

正停泊港邊的大型交通船。

大船入港，人和車正魚貫的陸續進入。

在晨曦中，雅典的比瑞埃斯港有許多交通船開往不同目的地。

站在船頭，我們的船要啓程了。

最大特色

雖然台灣自詡為海洋國家，但說老實話，身為海洋子民的我並沒有因此被訓練的「海浪滔滔我不怕」，幾次坐船的經驗都不是很好受。因此來到這個船隻是島嶼往來間重要交通工具的國度，我未雨綢繆的帶著20粒暈車藥，以備不時之需。

別聽到交通船，就一臉不屑的樣子，當我看了一艘艘停泊在碼頭的大型輪船時，才知道自己少見多怪，望著手上那20粒暈車藥，不禁覺得好笑，因為我以為是比舢板大一點的小船。它們不僅是搭載乘客的交通工具，更是島上居民物資往來補給的重要憑藉，只見一輛輛的大型貨車開進船艙中，寬大的容量讓人瞠目結舌。行駛在海面上，不僅可以優雅自若的在甲板欣賞海景，還有餐廳及遊樂設施以供打發時間，第一次感到搭船也是一種享受。

我也可以進入船艙。

四通八達的交通船，是來希臘跳島旅遊的旅行者一定會使用到的交通工具。

船票可以向市區隨處可見的旅行社購買。

行經聖托里尼島首城的交通船。

從小島望向海面，交通船正載來一批批的度假遊客

在交通船甲板上曬太陽，享受海天一色的浪慢。

TIPs

希臘船班資訊網站：www.ferrire.gr
藍星船運：www.bluestarferries.com
邁諾安船運：www.minoan.gr
ANEK船運：www.anek.gr

如何體驗

四通八達的交通船，是來希臘跳島旅遊的旅行者一定會使用到的交通工具。確定要前往的小島行程後，可以先預買船票，這樣的動作在旺季時尤其必要，如果坐的是夜船，想要有個床位可以躺下來睡個好覺，更是要有預購

的觀念。而想要跳幾個島旅行，無法一次預訂全部船票，必須先到甲島，再在甲島買到乙島的票。所以下船後第一件事，就是先把船票給搞定。

　　船票可以向市區隨處可見的旅行社購買，價格差不多，差別在於服務態度，有些面對詢問會顯得不耐煩，而有些則會不厭其煩地詳細說明，若感覺不受尊重可以隨時走人，另外再找一家。通常一個島嶼會有不同船公司的選擇，可以多比較價格與設施。

　　首都雅典的比瑞埃斯港(Piraeus)是百分之九十九觀光客乘船啟航的地方，每天都可以見到許多背著背包的觀光客，在此展開他們的愛琴海跳島旅行，繁忙的景象不輸任何一座國際機場。在這裡搭船時，最好提早1小時至半小時抵達碼頭，因為比瑞埃斯港碼頭眾多，要找到所搭的船是得花一些時間的。

　　進行島嶼旅行時，強烈建議以雙肩式大背包取代手拉提箱式行李，因為上下船時並沒有電梯，加上人潮擁擠，採用後者會相當的不方便。

　　剩下的，就是放鬆心情，盡情地徜徉藍色愛琴海！

希臘・登山火車

Greek Diakofto-kalavryta Railway

穿梭峽谷、驚喜不斷的鐵路

撰文・攝影：馬繼康

這條路線全長22.5公里，爬升的高度卻有700公尺。

鐵路起建於西元1885年，由一家義大利公司花費10年的時間建造完成。

希臘國鐵標誌

柴油車頭引擎

有牙齒的鐵軌

軌距是全歐陸最小的

一天約有6班車到卡拉夫依塔

發展起源

希臘位在巴爾幹半島南端的國土，其實地形多山而崎嶇，在伯羅奔尼薩半島上也不例外，因此從半島北邊靠海的迪亞科夫托(Diakofto)，便有一條特別的登山鐵路，通往山上在冬天是重要滑雪中心的卡拉夫依塔(kalavryta或Kalabrita)小鎮。這條鐵路起建於西元1885年，由一家義大利公司花費10年的時間建造完成，在當時是不得了的工程成就，也提供了山區居民便捷的交通。如今公路開通，當地人反而不常使用，多半是觀光客前來搭乘，也為這條登山火車路線賦予新的生命。

最大特色

登山火車的路線大致是沿著瓦萊科斯(Vouraikos)河而行，河流切成的峽谷地形，形成沿途最特殊的景觀。這條路線全長22.5公里，爬升的高度卻有700公尺，由於路段陡峭，鐵軌上還使用當時最先進的齒輪系統牽引，好讓列車增加往上的動能，形成「有牙齒的鐵軌」的特殊方式。原本

迷你可愛的柴油車廂。

行駛這裡的火車是蒸氣車頭，在1960年之後，柴油車頭引擎取代蒸氣車頭，而功成身退的蒸氣車頭就停放在迪亞科夫托車站的一角供人憑弔。

如何體驗

坐在登山小火車上，感覺有點像是在坐阿里山的小火車，沿途古橋、隧道不斷，讓人充分享受在山間行車的樂趣，因為火車在峽谷中穿梭前進，一會兒鑽進山洞不見天日，一會兒又豁然開朗，峽谷美景盡收眼底，不知道下一秒鐘又會有怎樣的驚喜。而且這裡的軌距是全歐陸最小的，只有750公厘，甚至比阿里山小火車的軌距762公厘還來得小。從迪亞科夫托一天約有6班車到卡拉夫依塔，全程約1小時，火車時刻表可上希臘國鐵網站尋找 http://www.ose.gr。

途中經過的峽谷景色。

火車拱橋優雅地橫臥山間。

停放在車庫中的小火車。

有「牙齒」的鐵軌。

從河谷中仰望鐵橋。

Greek Mule

希臘‧騾子計程車
不跳錶、不超速的另類Taxi

撰文‧攝影：朱予安

從Fira搭單趟的騾子計程車到舊港是3.5歐元，跟單趟纜車同價。

聖托里尼島不但是希臘島嶼中最美的小島之一，也是哲人柏拉圖筆下傳說消失的高度文明：亞特蘭提斯。

抓緊馬鞍及疆繩，尤其是下坡的方向。

比馬迷你一點

跟小毛驢比起來大的多

騾子計程車

發展起源

聖托里尼島不但是希臘島嶼中最美的小島之一，也是哲人柏拉圖筆下傳說消失的高度文明：亞特蘭提斯。提到她，就會讓人聯想到許多經典藍藍白白的教堂小屋配上藍色天空的畫面。

除了如詩如畫的建築，這邊的騾子計程車也是很有名的。因為本身是火山島，陡峭的山坡或階梯，就讓騾子成為當地傳統的交通工具。首都Fira市中心到舊港這一段路是600階的石梯，落差約200公尺，現在成為觀光客來體驗騎騾子的好地方。近十年來興建纜車後，收入也成為傳統騾夫補貼基金的來源，現代的纜車與傳統的交通工具騾子形成極大的對比。

如何體驗

　　騾子看起來比馬迷你一點，但跟小毛驢比起來大的多。騎騾子感覺跟騎馬有些類似，馬兒在奔跑時得抓緊馬鞍及韁繩，騎騾子時抓緊鞍就夠瞧了，尤其是下坡的方向。騾子下樓梯的每一步感覺都挺吃力的，騎在上面也更顯顛簸，不抓好可能會飛出去。生意招攬好，騾夫就會不時斥喝或鞭打騾子好前進。其實這段路也是可以用步行的，但要注意階梯上會有許多騾子便便。

　　從Fira搭單趟的騾子計程車到舊港是3.5歐元，跟單趟纜車是同樣的價錢。

騾夫會牽一匹騾子帶頭走600階的石階。

在準備去海灘游泳的路上，遇到旅客用騾子計程車搬運行李。

聖托里尼島的註冊商標：藍天、白鐘樓、藍頂教堂(Fira)。

在聖托里尼島眺望愛琴海火山島。

美洲 America

U.S.A
Amtrak

美國‧鐵路之王
一鼓作氣橫越大美國

撰文‧攝影：陳婉娜

Amtrak火車的寬敞舒適，這條美國大陸的橫貫鐵路，路線從東到西、從南到北，遍佈美國全州，最為人所喜愛。

發展起源

從東岸紐約的五光十色，中部的純樸農田，到西岸加州的海岸風光，想要一鼓作氣橫越地廣物博的大美國，坐飛機？

走馬看花呼嘯而去，往往行色匆匆不能求甚解；開車橫越？當然勇氣可佳，但費時間費精力，又不適合「路痴」的觀光客，而唯一能從東到西、橫越大美國的美國國鐵(Amtrak)，就成了火車迷們橫越美國夢的

另一個選擇了。

這條美國大陸的橫貫鐵路，路線從東到西、從南到北，遍佈美國全州，路線長長短短共有30多條，其中以美國中部的芝加哥(Chicago)為轉接的大本營，東、西岸火車在此轉接，

入夜的Amtrak車站　　　　180度超大窗戶　　　　兩層樓的設計

冷、暖氣　　　　車上備有餐車、零食吧、睡鋪房、淋浴間、播放電視、孩子們的玩樂房　　　　一般列車上都有電插座、行李間、馬桶廁所、仕女梳妝間、飲水供應報紙供應

擁有180度寬闊視野的觀景車廂，視野遼闊非常震撼。

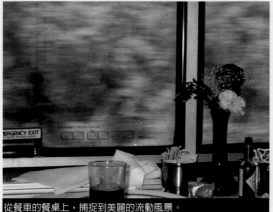
從餐車的餐桌上，捕捉到美麗的流動風景。

古色古香的San Jose Amtrak火車站內景。

就可從東到西橫越無阻，唯一一條不須轉接、可直接從東到西的路線，是「Sunset Limited」號，此列車由東岸的Orlando出發，可以直達西岸的洛杉磯(Los Angeles)，不論任何路線，要橫跨美國，都需要4天3夜。

 ### 最大特色

因為是長程的火車路線，車上備有餐車(Dinning Car)、零食吧(Sightseer Lounge)、睡鋪房(Sleeping Cars)、淋浴間(Shower Room)、播放電視、孩子們的玩樂房(Kiddie Car)，甚至是擁有180度超大窗戶的觀景車廂等等，一般列車上都有電插座、行李間、馬桶廁所、仕女梳妝間、飲水供應、報紙供應，和冷、暖氣等等，基本的生活配備，Amtrak火車都盡量做到齊全。

車上的座椅也十分寬敞，比起飛機狹窄的座位，Amtrak火車的寬敞舒適，最為人所喜愛，尤其某路線的長程火車，如海岸星光號(Coast Starlight)、橫貫東西的Sunset Limited號，和華盛頓DC出發的Capital Limited號等，是兩層的Superliners火車，這類火車因為是兩層樓的設計，所以視野更廣、更高，由車窗眺望風景，真是心曠神怡。

東岸列車除了Sunset Limited、Capital Limited和Auto Train之外，大部分是單層的車廂(Viewliner Sleepers and Amfleet Coaches)，Amfleet車廂是建於1970年，有時甚至是早於Amtrak建立前的古董餐車廂(Heritage Cars)，當然，這些老車廂都是經過全新的整修，絕對滿足美國鐵路的現代要求。

在180度視窗的觀景車窗中，可看見美國壯麗的湖光山色。

Amtrak以景色著稱的路段，包括有Adirondack線，這條路線曾被國家地理雜誌評選為「世界十大最佳鐵路風光」之一。

牆上的Amtrak標誌。

餐車Dinning Car用餐，最好提早預約。

座椅如飛機座位有椅背托盤，但空間實際比飛機要寬很多。

車上免費供應飲水的飲水機。

觀景車廂內的座椅，都是面對窗戶的，讓你更容易欣賞風景。

擺滿了小孩玩具的Kiddie Car。

如何體驗

比起日本有名的新幹線子彈列車，美國Amtrak真的不夠平穩；比起歐洲火車嚴密的時間控制，Amtrak的時常誤點，已經變成了Amtrak火車的特色，但當你坐在兩層樓的Superliners火車上，在它180度視窗的觀景車窗中，看見美國壯麗的湖光山色，飛馳眼簾一望千里，Amtrak火車的小毛病，也就不算什麼了。

雖然車廂內沒有高科技的電子看板，有時廣播聲音太小，會讓你很容易過站(本人親身經歷，更慘的是，到達下一站是2小時以後的事)，但是Amtrak火車上的乘客，都顯得那麼地友善、健談，非常容易交到新朋友，也就彌補了誤點和過站的懊惱。

因為美國地大物博，從東到西實在幅員廣大，乘坐火車的時間也很長，因此，路線的選擇，最好選擇風景優美，有口碑的路段搭乘，否則冗長的火車時光，沒有景觀助陣，不免顯得有點單調而無聊。

Amtrak以景色著稱的路段，包括有Adirondack線，這條路線曾被國家地理雜誌評選為「世界十大最佳鐵路風光」之一，另外的海岸星光號(Coast Starlight)，號稱全Amtrak鐵路最美的路段之一，尤以西雅圖(Seattle)到波特蘭(Portland)間的路段著稱，加州和風號(California Zephyr)，以丹佛(Denver)以西的風景最膾炙人口，另外的Empire Builder號，也以景色優美著稱。

Amtrak火車票價依不同時間、不同路段、不同價錢，可以上網www.amtrak.com查詢，或電美國800-8727245。

San Jose的Amtrak火車站。

分成上、下兩層的Superliners列車。

近年來，美國更時興的雪地運動，是滑坡雪輪的最大特色。
簡單、易學、刺激、好玩，當屬滑坡雪輪(Tubing)和雪橇滑板(Sledding)ㄌ。

U.S.A Snow Tubing

美國‧滑坡雪輪
冰天雪地中最hot的玩法

撰文‧攝影：陳婉娜

現場的工作人員，正在幫助乘客登上雪輪。

發展起源

交通工具的輪子，居然變成了滑雪的新玩意？別以為滑雪只是穿著雪橇，拿著兩根桿子，才叫滑雪，近年來，美國更時興的雪地運動，當屬滑坡雪輪(Tubing)和雪橇滑板(Sledding)了。

雪橇滑板是在一塊平底的塑膠板子上，從高處俯衝而下，滑坡雪輪(Snow Tubing)，則是坐著或趴在汽車的內胎(Tube)上，在高處沿著雪道，一路驚險滑下，有點像水上遊樂園裡的水道滑水，只不過水道變成了雪道，非常刺激好玩。美國加州最早出現滑坡雪輪的雪場，是位於太浩湖(Lake Taheo)北邊的Soda Springs，如今滑坡雪輪已成為美國、加拿大時興的雪地玩法之一。

雪輪是類似汽車的內胎再加上兩個把手。

滑坡雪輪是由上往下在雪道裡俯衝。

雪場懸掛的Tubing守則，說明Tubing因氣候、速度還是有著危險性。

正在排隊等候Tubing的人潮。

最大特色

不像正規的高山滑雪(Downhill skiing / Alpine Skiing)、越野滑雪(Cross Country Skiing/ Nordic Skiing)和雪板滑雪(Snowboarding)，要講究技巧和體力，滑坡雪輪輕鬆易學，幾乎男女老少，誰都可以立即上場，因此，可以算是非常老少咸宜的家庭式滑雪運動。

有的雪輪較小，可以乘坐一個人，有的大雪輪，則可以多人共乘，供大夥兒一起叫、一起玩，還有給小小孩玩的滑坡雪輪，是將許多輪子繫在會旋轉的木頭上，旋轉的木頭則會帶動輪子一同旋轉。簡單、易學、刺激、好玩，是滑坡雪輪的最大特色。

如何體驗

通常滑坡雪輪都會有特定的雪道，你必須先排隊跟著登山繩纜上山，到達一定高度時，工作人員會指導你登上雪輪，再自行滑下雪道。登上雪輪時，正確的姿勢是，頭在前面，也就是朝著下山面，腳在後面，如果下坡的速度太快，你可以用腳尖觸地，利用摩擦力，做輕微的煞車，輪胎內也有把手，可以讓你放置雙手、控制方向。

Alaska
Glacier Discovery Train

阿拉斯加‧穿山火車

把車開上火車，翹起二郎腿就能到目的地

撰文‧攝影：王瑤琴

鐵路完成於西元1943年，全長約有21公里。

搭乘穿山鐵路的火車，除了處處可見渾然天成的高山景致，也可看到許多滋長著稀有植物的沼澤或濕地。

這種火車後面加掛的平板是用來停放各種車輛，因而不設車廂和座位。

發展起源

在阿拉斯加，由於地形特殊之故，幾乎所有的城市之間都沒有公路相連，因此當地最主要的交通工具是船艇和小飛機。第二次世界大戰期間，美國政府為了運送軍隊用的物資和人員，同時也作為軍事基地，就在距離首府安克拉治(Anchorage)大約1小時半車程的波特茲(Portage)，以及港口城市—惠提爾(Whittier)之間，建造一條穿山鐵路。這條穿山鐵路完成於西元1943年，全長約有21公里，沿途必須穿越一座又一座的山巒，以及濕軟的沼澤地帶。目前此條鐵路已被規劃為特殊的觀光旅遊路線。

最大特色

在阿拉斯加，搭乘穿山鐵路的火車，最特殊之處就是將巴士、貨車或自用轎車，連人帶車開到火車上面；接下來、所

有的駕駛人都可以翹起二郎腿，或者把腳放到方向盤上，等待火車將乘客載送至目的地。

這種穿山鐵路的火車，並沒有設置車廂或座椅，除了前面的火車頭以外，後面都是一節一節開放式的平板，看起來就好像一輛加掛型的大拖車。搭乘這種火車，當巴士或自用車依序開上去之後即可熄火。火車行駛過程中，包括司機在內的所有乘客，都必須留在原來的座位上，絕對不可走到車外。

如何體驗

坐在巴士內搭乘火車，沿途所見的是穿山鑿嶺的鐵路風光，但是周遭的車輛卻是平日行駛於公路上的交通工具，感覺相當奇妙。搭乘穿山鐵路的火車，除了處處可見渾然天成的高山景致，也可看到許多滋長著稀有植物的沼澤或濕地。此外，透過巴士的車窗，還可窺見公路上未曾出現的阿拉斯加美景。

在阿拉斯加，搭乘穿山鐵路的火車，主要目的是前往惠提爾港口搭乘遊輪，所以遊客多半參加套裝行程(Inside Package)比較划算，此種行程包括有巴士、火車和小型破冰船，因而搭乘火車時不必另外購買車票。

惠提爾港鎮是穿山鐵路的終點站。

穿山鐵路沿線都是一塵不染的山巒、沼澤和濕地。

波特茲是穿山鐵路的起點。

行駛中的火車載運著各種車輛。

車頂放有小船的自用車準備開上火車。

航行於阿拉斯加的冰河峽灣，無論大小船艇都必須裝置有破冰設備。

可以參加不同天數的套裝行程(Inside Package)，分別有1日遊、或包括餐飲、住宿在內的2~3天行程。

Alaska
Icebreaker

阿拉斯加・破冰船
不乘風破浪卻更驚險難忘

撰文・攝影：王瑤琴

發展起源

阿拉斯加擁有數千條的大小冰河，這些冰河所在之處都沒有公路或鐵路相連，所以觀賞此地的冰河美景，除了搭乘小飛機外，最方便的交通工具就是遊輪和破冰船。

在阿拉斯加，幾乎每個家庭至少都有一艘船或一架小飛機，對當地人來說，汽車反而不是最重要的代步工具。因此說小飛機和遊艇是阿拉斯加男性最昂貴的玩具，並不是沒有原因的。

航行於阿拉斯加的冰河峽灣，無論大小船艇都必須裝置

有破冰設備，才能夠在浮滿冰塊的冰川中暢行無阻；這種破冰船多半用來載送遊客，成為旅遊阿拉斯加最難忘的體驗。

最大特色

在阿拉斯加的冰河峽灣，以小型的破冰船為主要交通工

在惠提爾港口，可以搭乘小型破冰船暢遊冰河峽灣。

具。這種船艇雖然不大，但是船身下面都裝置有破冰設備，每當來到充滿浮冰的河面，船身底部都會發生「喀隆、喀隆」的巨響，這是冰塊被擊破的聲音。

行駛於冰河峽灣的小型破冰船，分為上下兩層，船艙內附設有餐廳兼咖啡館，供應簡單的午餐，而且沿途都會以廣播介紹冰河名稱和特色。這種船艇的設備不像大型遊輪那般豪華，但是因為船身較小，反而可以靠近冰山或冰瀑，從近距離觀賞冰山一角崩落的奇景，感覺更加震撼。

如何體驗

在阿拉斯加，搭乘破冰船進入冰河峽灣，可以參加不同天數的套裝行程(Inside Package)，分別有1日遊、或包括餐飲、住宿在內的2~3天行程。

從安克拉治往返一日遊的行程中，包括有巴士接送、火車轉運和小型破冰船等。其中最值得一遊的「26條冰河之旅」，就是搭船沿著「學院峽灣College Fjord」，觀賞26條用著名男校和女校命名的美麗冰川。

搭乘小型破冰船，每當行經一條冰川或看到前方有海獺、海獅的蹤影，船方都會用廣播的方式告訴遊客。船隻靠近冰山附近時，服務人員會撈起幾塊浮冰，讓遊客自行飲用，喝起來清甜無比，據說頗有養顏美容效果。

不同路線的冰河之旅，都可看到美麗的冰河峽灣和冰山景觀。

破冰船周遭水面都飄浮著碎裂的冰塊。

遊客站在破冰船甲板觀賞冰山景致。

搭乘小型破冰船可近距離欣賞冰河峽灣景觀。

我看到海獺、海獅了耶。

由義大利製造，每台造價在美金5千元以上。

出租公司Wheel Fun Rentals，提供各式各樣的家庭式同遊腳踏車。

San Francisco
Bike

舊金山‧金門公園八人座協力車
一台車有8個司機的闔家團圓車

撰文‧攝影：陳婉娜

這台Double協力車，
總共可以坐上6個人

沒有任何屏障的開放視野

車頂可以防曬的遮陽篷

協力車的前座，特設
有為1歲到5歲小孩設
計的座椅

發展起源

騎腳踏車，不稀奇！騎協力車，也不稀奇！騎八個人的協力車，這可是不常見囉！

阿公、阿媽、小孫子，可以三代同堂共騎的協力車，聽起來超炫超酷，而世界第一大的城市公園舊金山的金門公園，就擁有這樣拉風的玩意兒。

由義大利製造，每台造價在美金5千元以上的這些多人座拉風協力車，可以實現你全家共騎一台腳踏車的夢想，現場還出租超酷、超炫的多種拉風腳踏車，保證你眼界大開，從來沒看過。

最大特色

幾乎沒有任何屏障的開放視野，車頂還有可以防曬的遮陽篷，有1歲到5歲的小小孩也沒關係，從1歲到99歲，誰都可以登上這台家庭式的多人協力車。協力車的前座，特設有為1歲到5歲小孩設計的座椅，前面可以乘坐2個還不會騎車的小小孩，並配置安全帶，後座有一排座位的、兩排座位的、三排座位的，每排

座位共有兩個踏板，全家都可以踏板騎車，一起做運動，車上也配置煞車和警告喇叭。

如何體驗

金門公園內的史托湖(Stow Lake)可以讓你租到這些全家齊Fun的協力車，這裡的出租公司Wheel Fun Rentals(50 Stow Lake Drive San Francisco, 電話415-6686699)，提供各式各樣的家庭式同遊腳踏車。這裡的協力車總類，分有4人座的Surreys(1排座椅加2個小小孩)，6人座的Double，和最大可坐8個人的Grande，尚有超炫風變形個性單車Slingshot, Deuce Coupe, Chopper和Quad Sport出租，這些三輪或四輪的單車，造型奇特、重心低速度快，能滿足你無盡的單車公園夢。

史托湖邊的船屋，更有腳踏船(Pedal Boats)和划槳船(Row Boats)出租，小孩嬰兒只要大人陪伴，都可以上船遊湖，划槳船還允許小狗登船，真是全家一起來的交通工具大樂園啊！

全家可以塞進一台車內，一同逛公園。

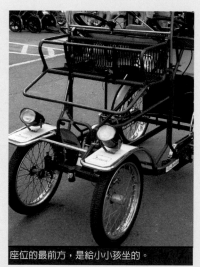

座位的最前方，是給小小孩坐的。

造型非常拉風的超酷單車Quad Sport。

史托湖也有踏板船出租。

協力車出租公司的店景。

西元1873年，英國來的發明家哈樂迪(Andrew Smith Hallidie)先生，發明了舊金山的叮噹車(Cable Car)。

叮噹車共分為三大路線，Powell/Mason Line, Powell/ Hyde Line, 和 California Street Line。

San Francisco
Cable car

舊金山‧叮噹車

噹噹噹，舊金山最歡樂的車子來了！

撰文‧攝影：陳婉娜

古典造型的車身，邊走還會邊拉鈴，叮噹車已成舊金山的城市特色。

發展起源

請不要用單純的運輸工具來看待它，因為它已變成舊金山獨特的城市風景，也是全世界的唯一了！

西元1873年，英國來的發明家哈樂迪 (Andrew Smith Hallidie)先生，在當場目睹五匹馬因拉車上山過重而倒地斃命之後，而發明了舊金山的叮噹車(Cable Car)。

因為舊金山上下坡陡峭的特殊地形，叮噹車的發明，對城市的發展貢獻良多，本世紀初，約有6百台的叮噹車，行駛在8條路線，185公里長的軌道上。

隨著其他大眾交通工具的產生，如今，行駛在舊金山街頭的叮噹車，只剩下30、40台，僅存3條路線，但每年卻帶來了1千多萬的乘客，且幾乎是

觀光客的天下，雖然平常趕時間的當地居民，都改搭別的交通工具去了，它好像變成了觀光客的專屬纜車了，但是，舊金山人還是對這個小寶貝珍愛的不得了，每年7月中旬，不但為它舉辦「叮噹車鳴鈴大賽」，還在Mason街上，設立了一個免費的纜車博物館(Cable Car Barn & Museum)。

最大特色

古典又藝術的造型車身，傳統式的手拉桿操作，上山下海，還配上銀脆的噹噹聲，開闊的視野，讓你狩獵無阻的風景，一車子的觀光客，充滿了歡樂的氣氛，當駕車司機邊開車還邊講解一旁路過的風景時，「你們看！那是漁人碼頭耶！」、「你們看！前面是惡魔島呢！」，車上的觀光客們，隨著司機手指的方向看過來看過去，這是大眾交通工具嗎？真的！比較像是遊樂場裡的遊園小火車咧！

除了半開放的視野，熱心司機的導覽、邊走邊噹噹響的鈴聲，讓你就像置身遊樂場般的樂趣之外，慢條斯理的車身，還會隨著舊金山陡峭的地勢，爬高再俯衝、爬高再俯衝，宛如雲霄飛車般的驚險刺激，讓你在舊金山明媚的風光中，深深體驗無窮的兩極樂趣。

喜歡攬柱站在車門口的乘客，其實非常的多。

叮噹車兩旁是開放式的座椅，中間是密閉式的座椅，可以任君選擇。

如何體驗

叮噹車共分為三大路線，Powell/Mason Line, Powell/Hyde Line, 和California Street Line，其中以前兩條路線最受歡迎，原因是路程經過的景點較多、風景較好，最後又可以到達觀光客天堂的漁人碼頭 (Fisherman's Wharf)，所以也建議菜鳥從這兩條熱門路線開始。

乘車時，請盡量搶好駕車司機兩旁的開放式座位，因為這裡通風好，視野佳，又可清楚聽到司機的隨車導覽，可謂黃金座位，最拉風刺激的坐法，是握著柱子站在車門口，這樣視野寬闊可以搶看無限風景，但要小心頭手不要伸出車外，以免變成「肉餅」。

叮噹車目前票價美金＄3元，可以上車買票，如果想無限制搭乘叮噹車的話，不妨購買Muni Passports，會更省錢更划算喔！想要叮噹車更詳細的資料，可以到網站www.sfcablecar.com查詢。

因為是百年的古董車，還要靠人工手轉調頭。

叮噹車的站牌。

在舊金山到處可買到叮噹車造型紀念品。

叮噹車廂內部一景。

聯合廣場的叮噹車總站，可看到叮噹車調頭的人工大轉盤。

就是這些巨大的鋼纜，利用圓軸，來控制叮噹車的，你可以在叮噹車博物館看到鋼纜的實地操作。

車陣中的叮噹車，隨著舊金山起伏不定的地形，爬高又俯衝。

San Francisco
Roaring Camp

舊金山・蒸汽火車
載你逛世界上最古老的紅木林

撰文・攝影：陳婉娜

載滿觀光客的蒸汽火車進站了！

邊走邊吐氣鳴笛，蒸汽火車的氣勢凌人。

針對每年不同的節日，這裡的蒸汽火車，會推出不同的慶祝活動。

1958年當 F. Norman Clark剛到達這裡時，口袋裡只有美金25元，5年後，他成功的開發出了從Old Felton 火車站往左到 Big Trees的鐵路。

發展起源

坐在沒有屋頂，開放式的車廂裡，一望無盡，前面一百多歲的老蒸汽火車頭，氣勢磅礴、寶刀未老，拉著滿載著觀光客的車廂邊走邊鳴笛，駛過了狹窄的山路、穿過了彎曲的小橋，兩旁的大樹都超過2千多歲了，3百英呎高的紅樹林，英姿勃勃高聳入雲霄。坐蒸汽火車逛這片世界上最古老的紅木森林，就位在舊金山以南Santa Cruz北邊的Felton小鎮上。

1958年，當 F. Norman Clark 剛到達這裡時，口袋裡只有美金25元，5年後，他成功地開發出了從Old Felton 火車站往左到 Big Trees的鐵路，40多年過去了，這裡變成了Roaring Camp Railroads的觀光火車總站，也是北美洲最成功的古蹟鐵路之一。現在的 Roaring Camp Railroads，已變成了舊金山以南，觀光火車迷的最愛，乘坐這裡的百年蒸汽火車(Steam Trains)，駛入千年的紅木林中，早已成為當地的一大觀光特色。

最大特色

　　這條鐵路的命脈，從過去的伐木業，到現在受到觀光客的擁戴，或許都要歸功於那一大片碩果僅存的天然紅木林。紅木Red-woods，是世界上最高的植物，它存在於地球上已經1億3千多萬年了，樹齡可達2千歲以上，古早的紅木林覆蓋了地表北半球大部分的面積，種類並高達40種，如今因人類的濫採及過度開發，現在世界上的紅木林只剩三種：兩種在加州，一種在中國。在這裡，你可以搭乘1890年的老蒸汽火車，緩緩地駛入亨利・寇維紅木國家公園(Henry Cowell Red-woods State Park)內的千年樹林，這裡的紅木，有的高達350英呎以上，樹齡2200歲。

　　開放式的車廂，讓你盡情呼吸久違的大自然，中途站短時間的停靠，還讓你下車，親身在樹林中漫步，沿路解說員的導覽，說著大自然的故事，老車掌Tony在一旁表示，運氣好的話，有時還可以看到森林裡的野生動物，如鹿、獅子、浣熊等等！

綿延入森林的鐵軌，四周風光明媚。

火車頭的近照，它可是上百年的老古董啦！

正在火車頂添加燃料的工作人員。

老車掌Tony。

開放式的車廂，像乘坐敞篷車那般的通風愜意。

開放式的車廂，融合在高大聳天的樹林中，自由呼吸森林裡的森多精

如何體驗

一般的火車都是有頂密閉式的，然而，這兒的火車，卻是沒有車頂，像開著敞篷車那樣的風光無阻、視野無限，當上百年的火車頭，駛入與恐龍共存的千年紅樹林時，嗚嗚的汽笛響徹雲霄，在噴氣的蒸汽聲中，時光都彷彿倒退了幾百年。

除了紅木做招牌，這裡的玩法還不只這一招，偌大的野餐區，適合你來此闔府野餐，1830年Isaac Graham在這裡開發的遺跡，也是參觀的重點，美景天成的綠色山林，潭邊戲水的水鴨，一片大自然的好風好景，如果再配合Roaring Camp Railroads針對節慶推出的特別活動，行程將更錦上添花。

針對每年不同的節日，這裡的蒸汽火車，會推出不同的慶祝活動，像是7月的湯瑪士Thomas小火車之旅，整個火車頭，會被裝扮成Thomas小火車的模樣，讓小朋友喜愛的不得了，還有8月的星光火車 Starlight Evenings，是帶你夜探森林，欣賞樹林中皎潔的明月，甚至是10月針對萬聖節推出的鬧鬼火車 Ghost Train等等。

出發前請記得先上網(www.roaringcamp.com)查詢，Roaring Camp蒸汽小火車是位在舊金山以南約一個多小時車程的Felton小鎮上，電話是 (831) 3354400 (查詢專線)， (831) 3354484 (辦公室專線)。

充滿西部風味的火車站。

Roaring Camp火車站的指標。

火車緩緩地駛入千年的紅木樹林。

火車站現場展示的紅木橫切標本，樹幹真是大的驚人。

59

納帕酒鄉‧熱氣球
速度、高度、能見度絕佳的飛行

撰文‧攝影：陳婉娜

因為熱氣球的方向是取決於當時的風向，沒降落前，你無法預知降落點在哪兒。這個來自於法國的偉大發明，在蒙哥馬利(Montgolfier)兄弟Joseph和Ettienne的手裡，成功地載人升上天空。

熱氣球的藍子(Basket)部份可以載人，但人數不多

行程的最後還伴有香檳大餐

熱氣球都是由三部份所構成的，分別是氣囊(envelope)、藍子(Basket或叫gondola)、和燃燒器(Burner)

氣球一次大約只能載2~5人

發展起源

西元1783年9月19號，第一次搭乘熱氣球(Balloon)的乘客，是一隻羊、一隻鴨、和一隻公雞，這個來自於法國的偉大發明，終於在蒙哥馬利(Montgolfier)兄弟Joseph和Ettienne的手裡，於同年11月21日，在巴黎上空，成功地載人升上天空。

西元1793年1月9日，由Jean-Pierre Blanchard駕駛的熱氣球在美國費城(Philadelphia)緩緩起飛，這是首次在北美洲登陸的熱氣球。

西元1960年開始，這個古老的飛行器，開始成為美國觀光業的新寵兒，乘熱氣球攬勝已成為某些觀光景點的新花招、新噱頭，時至今日，全美共有5千名的熱氣球駕駛員(Balloon pilots)，搭乘熱氣球升空的觀光客，仍在持續增加當中。

而位於舊金山以北的納帕(Napa)酒鄉，是世界知名葡萄酒的產地，這兒除了品酒、賞酒、可以逛遍上百間的酒廠之外，這裡的熱氣球旅行，更有著超過30年以上的歷史，知名前美國總統

柯林頓的女兒雀兒喜‧柯林頓(Chelsea Clinton)就曾在此搭上熱氣球探險。

在這裡，你可以搭乘熱氣球升空到500~1500英呎，所有葡萄園風光、紅木森林、太平洋海岸線、河谷山景，全都乖乖地臣服在你腳下。

最大特色

在3到4小時的行程中，熱氣球升空約佔了1到1個半鐘頭，行程的最後還伴有香檳大餐，是納帕熱氣球旅行的最大特色。

氣球一次大約只能載2~5人，一次約美金$160~200元之間，因此，算是非常私密的豪華旅行。除了可以升上天空盡攬風光之外，當場實地看見這個古老飛行器的操作，也算是非常罕見的經驗。你可以實地看見駕駛員(Pilots)是如何操控熱氣球的起飛和降落，還有助航員(The Chase Crew)，是如何裝置設備，和駕駛員合作無間的。

因為熱氣球的方向是取決於當時的風向，沒降落前，你無法預知降落點在哪兒，一直要到駕駛員升空後，視當時風向，才能決定終點降落站，這對於喜歡冒險的人來說，實在是一項刺激的大挑戰。

氣囊通常具有多種鮮豔的顏色。

搭乘熱氣球有天候的限制，因為天氣不好還是有危險性的。

風光明媚的納帕葡萄園風光，搭熱氣球可以一眼攬盡。

剛完成降落的熱氣球。

七彩奪目的熱氣球，是許多探險家的最愛。

助航員的工作是協助駕駛員，和裝置收納器具。

駕駛員和助航員是操縱熱氣球的兩大功臣。

熱氣球是靠燃燒器燃燒熱氣而升空。

駕駛員通常會選擇開闊和安全的地方降落。

如何體驗

　　因為日出前2到3小時的氣流最穩定，所以搭乘熱氣球的時間，通常要非常的早，有時天還沒亮就要集合，因此早晨氣溫低，一定要穿得保暖一些。

　　現代的熱氣球都是由三部份所構成的，分別是氣囊(envelope)、籃子(Basket或叫gondola)、和燃燒器(Burner)，因為熱氣球的起飛，是因為燃燒器產生的熱空氣，比外頭的冷空氣輕，所以會緩緩地升起，因此，搭乘熱氣球，要記得戴頂鴨舌帽，以免意外被火焰灼傷。

　　還別忘了帶你的照相機！當熱氣球緩緩升空，站在輕搖卻視野無阻的籃子裡，浩瀚的景色可以讓你暫時忘卻因懼高症而輕微發抖的腳，難得的是天空中的寧靜，除了燃燒器發出的聲響外，原來天空是這麼地安靜啊！沒搭過熱氣球，你永遠也不會知道！

納帕知名的熱氣球旅行團：
Napa Valley Balloons, INC-(800)2532224, www.napavalleyballoons.com
Wine Country Ballooning-(888)2386359, www.balloon-tours.com

New York
Roosevelt Island Tramway

紐約‧羅斯福島空中纜車
紐約最刺激的視野

撰文‧攝影：張懿文

要搭乘Tramway，只要到第二大道與59街的纜車塔台搭車。空中纜車建於1976年，是當時唯一連接羅斯福島與曼哈頓兩地的交通工具。

Tramway時速16英里。

Tramway銜接曼哈頓中城及羅斯福島。

發展起源

羅斯福島是位於紐約東河上的一蕞爾小島，與曼哈頓島有一水之隔，空中纜車建於1976年，是當時唯一連接兩地的交通工具，原本只是臨時性的，待地鐵通車後即功成身退，但由於極具特色，且為北美地區20個空中纜車裡唯一以通勤為主要目的(其餘都是觀光纜車)，在當地居民的爭取下，由瑞士製造，耗資5百萬的Tramway被保留了下來，至今已搭載了2千萬的乘客。

最大特色

搭乘Tramway最大的樂趣，是在4分半的旅程中，以每小時16英里的速度前行，最高爬升250英尺，凌空俯瞰曼哈頓中城街景、東河(East River)、皇后大橋(Queensboro Bridge)及羅斯福島，全長3千1百英尺，讓搭不起半小時就要數百美金直昇機的遊客，也可以享受被紐約時報譽為「紐約最刺激的視野」(The most exciting view in New York City)。

如何體驗

　　每天，Tramway從早上6點營業到凌晨1點，一天可開出1百個班次，尖峰時間平均15分鐘對開一班，一車最多可搭載125個乘客。不管對羅斯福島上的居民或是遊客而言，搭乘Tramway最方便的一點，就是它與紐約地鐵使用的是同樣的票，如果已經有地鐵卡便無須另外購票，換句話說，單程一趟就是2塊美金，如果用的是7天或30天不限次數的地鐵票，那就更划算了。

　　要搭乘Tramway，只要到第二大道與59街的纜車塔台搭車，纜車停定之後，乘客便可就定位，由於座位有限，且只有短短4分半的行程，多數人會靠窗站，待纜車一起動，便可貼緊玻璃、屏氣凝神的準備迎接高高在上的視野，如果正巧碰到對方來車，還可以揮揮手打招呼。當纜車到達羅斯福島後，可選擇在河岸步道散步，眺望東河景致，或是搭乘島上的公車環島一週，回程可搭纜車或地鐵，結束這趟曼哈頓至高點之旅。

Tramway是北美唯一以通勤為主要目的的空中纜車。

Tramway與紐約地鐵票通用。

與對面的Tramway「會車」。

在Tramway上遠眺東河。

一車最多可搭載125名乘客。

搭乘Tramway時多數人喜歡靠窗站。

Tramway最高爬升到250英尺。

New York
Subway

紐約‧百年地鐵
百歲高齡的城市命脈

撰文‧攝影：張懿文

紐約地鐵已有一百年歷史了，還好車廂還有汰舊換新。

為了繁榮郊區的發展，當時的策略就是5毛錢的票價一票到底，以鼓勵大家搭乘。

紐約地鐵於1900年3月動工，1萬2千個工人投入工程，歷時4年，1904年10月27日通車。

發展起源

1900年的紐約已經是世界第二大城，接近4百萬的人口卻只能集中在曼哈頓小島上，因為缺乏大眾運輸系統，當時從華爾街到哈林區需要好幾個小時，更遑論住到布魯克林、皇后區等「化外之地」了。為了抒解過度擁擠的問題，紐約地鐵於1900年3月動工，1萬2千個工人投入工程，歷時4年，1904年10月27日通車，當時所打出的口號便是「從市政府到哈林只要15分鐘」。

為了繁榮郊區的發展，當時的策略就是5毛錢的票價一票到底，以鼓勵大家搭乘，平衡城鄉發展，這招果然奏效，1890年的哈林區只是一個小城鎮，到1914年，全美有75%的非裔美國人都住到哈林區了。搭乘的人數，到1946年創下接近890萬的歷史新高。

最大特色

紐約地鐵畢竟已經是百歲高齡,所以相較於許多大都會的地鐵系統,紐約的地鐵其實一點也不先進,簡直是落後,如地鐵站沒有空調,一到夏天就有如蒸籠般燠熱難耐;沒有液晶螢幕顯示下班車進站時間,總是見到月台上有頻頻探頭快變成長頸鹿的紐約客;更甭提鼠輩猖獗、陳年垃圾散落軌道的髒亂了。不過就像紐約是個令人又愛又恨的城市,坐地鐵也是。

在地上的地鐵站一般比地下的乾淨、舒服。

紐約地鐵的售票亭兼詢問窗口。

地鐵藝人多、水準齊是紐約地鐵另一特色。

紐約地鐵站、地鐵上都可以吃東西。

搭地鐵閱讀紐約的眾生相。

下城街頭風、華爾街與洋基專車、文藝青年風、民族大熔爐、觀光專車。

目前紐約共有24條地鐵線，468個地鐵站，每天載運450萬人次，可說是紐約城市的命脈。

如何體驗

目前紐約共有24條地鐵線，468個地鐵站，每天載運450萬人次，可說是紐約城市的命脈，不管是坐一站還是從起站坐到終點站，票價一律2塊錢。多數的紐約人會購買30天76美金不限次數的票，地鐵、巴士通用，對於遊客，可依停留在紐約的天數，選擇1天、7天、30天的折扣卡，或是買5次送1次的計次卡。

每天搭地鐵雖然行色匆匆，卻也見識到不少地鐵的眾生相，成為紐約永不落幕的移動風景。以下就介紹幾條具代表性的：

造型古典的地鐵站出口。

每天有450萬人次搭乘地鐵。

搭乘D、N、Q、F線遠眺康尼島海濱遊樂場。

灰色L線：下城街頭風

L線在曼哈頓橫貫14街1到8大道後進入布魯克林的Bedford大道，沿線所經的肉品包裝區、聯合廣場、東村到威廉斯堡，全都是紐約當今最酷、最ㄅㄧㄤˋ的區域，沿路上下車的都是極盡愛現之能事的酷歌帥妹。

綠色4、5、6線：華爾街與洋基專車

從下城經曼哈頓東邊到布朗士的4、5、6線，由於沿線經過華爾街及上東城，可說是紐約地鐵的菁英線。到了週末洋基在紐約又有賽事的話，6號線就成了洋基球迷專車，一家大小穿洋基服戴洋基帽是標準配備。

紅色1號線：文藝青年風

沿線經過西村、上西城及哥倫比亞大學的1線混合了雅痞、學生以及到林肯中心看表演的族群，打扮多數中規中矩卻又不會無聊。

紫色7號線：民族大熔爐

到紐約要看聯合國，不如直接搭7號地鐵，從時代廣場出發，沿途經過多家另類博物館所在的Long Island City、印度人大本營Jackson Heights、波多黎各、哥斯大黎加等中南美洲移民區Woodside、Elmhurst、Corona等，終站到韓國、華人各占一方的Flushing。

黃色N、Q，橘色B、D：觀光專車

這幾條線上的人特色一般，推薦的原因是它們從曼哈頓到布魯克林時都會經過曼哈頓橋，曼哈頓天際線盡收眼底，不同的時間、不同的天氣經過都可看到迷人的景致。

地鐵是紐約的都市命脈。

New York
Gray Line

紐約‧雙層巴士
高人一等玩遍紐約的好方法

撰文‧攝影：張懿文

目前GrayLine有上城Uptown、下城Downtown、布魯克林Brooklyn及夜景線Night Loop等四條路線。

布魯克林線是最新開的一條線。

雙層巴士在旅遊旺季幾乎
都處於滿載狀態

紐約的雙層巴士是遊客專車。

最大特色

倫敦的紅色雙層巴士是紅色的，紐約的雙層巴士也是紅色的，不過前者是市井小民的交通工具，後者則是遊客專用，一年四季都載著遊客玩耍，其中GrayLine算是知名品牌，班次最頻繁、路線最多。

雖然紐約地鐵四通八達，畢竟多數時候都在地底下，很難一窺大蘋果的全貌，而有了雙層巴士加上導遊的景點解說，不管是帝國大廈、時代廣場還是SOHO的石坂路，雙層巴士都負責把你帶到還附詳細解說，最棒的是，雙層巴士可以上上下下，遊客看到中意的景點下來玩夠了，再搭下一班車即可。

如何體驗

目前 G r a y L i n e 有上城Uptown、下城Downtown、布魯克林Brooklyn及夜景線Night Loop等四條路線，上城路線除了上西城、上東城外，還會深入哈林區，這對許多想一探哈林區又有安全顧慮(雖然現在哈林區的治

安已經好多了)的人而言是最大的利多。

下城線則深入紐約的舊市區，如華爾街金融區、中國城等，沿途也會經過市政府、熨斗大樓等地標建築。布魯克林線是最新開的一條線，對行程緊湊到連曼哈頓都快逛不完的人而言，抽出半天時間逛逛布魯克林高地豪宅區、領略布魯克林植物園的四季風情畫，見識紐約不同的面貌。

至於夜景線，顧名思義是夜幕低垂後才會出發的路線，尤其是穿越布魯克林橋的那一刻，曼哈頓璀璨的夜空迎面而來，即使是老紐約客也百看不膩。

以往總對那些不畏風吹日曬雨淋，穿雨衣都要坐上層的遊客至上崇高的敬意，真正坐過之後，才領略到「高人一等」眼界也更加開闊的境界，尤其是在摩天大樓林立的紐約，還真的不能被比下去呢。

目前Gray Line有推出三天內無限次數上下的48元套票，詳情請上：www.grayline.com或www.newyorksightseeing.com

高人一等，視野也更加寬廣。

每一輛巴士上都有負責解說的導遊。

液晶螢幕上會顯示該巴士的路線。

遊客可隨時在景點上下車，不限次數。

紐約·史坦頓島渡輪
曼哈頓、我來了！

New York
Staten Island Ferry

撰文·攝影：張懿文

可以承載4千4百個遊客及30輛汽車的渡輪依然保有古早味。一直到1997年的7月4號起，渡輪才完全免費。

坐一趟渡輪約25分鐘。

船身漆成橘色是為了在霧中容易辨識。

發展起源

每天有7萬人搭乘的史坦頓島渡輪，是連接曼哈頓島及史坦頓島的通勤渡輪，航程5哩，單程航行時間25分鐘，平均每半小時1班，票價免費之餘，自由女神、愛麗斯島、曼哈頓天際線盡收眼底，堪稱紐約最物超所值的水上之旅。

其實一開始可沒這麼好康，1817年當渡輪剛開始行駛的時候，一趟船票是2毛5分，兒童半價，畢竟這是當時的第一艘蒸汽船，其後，票價漲跌互見，一直到1997年的7月4號起，渡輪才完全免費。

最大特色

渡輪開航至今也有上百年的歷史了，船隊也一直在汰舊換新中，目前「服役」的三艘新船都是2004年9月26日才到位的，但登船之後，卻意外的發現不管是甲板還是座位都散發出一種懷舊的氣息，原來，這些都是刻意營

造出來的，讓這些造價4千萬美金，功能日趨先進，可以承載4千4百個遊客及30輛汽車的渡輪依然保有古早味。

如何體驗

搭乘渡輪適逢美國獨立紀念日連續假期，原以為作為通勤用的渡輪假日應該比較少人搭乘，沒想到新修建好的Whitehall碼頭已經萬頭鑽動，放眼望去幾乎都是配備著相機、旅遊指南的遊客，原來這已經成為紐約的熱門景點（免費的誰不愛呢？）。閘門一開，大家魚貫上船，通勤族專心的走向船底的座位，氣定神閒地打開報紙，遊客一族則蜂擁至甲板，準備迎接紐約水上風光之旅。

往史坦頓島的航程，自由女神及愛麗斯島是矚目的焦點，所以這一端的甲板連立足之地都快沒了，另一端的甲板則樂的清閒。到達史坦頓島後，乘客必須全數下船，多數人會選擇直接搭下一班回程的船，這時候，船頭的甲板成為兵家必爭之地，因為這是迎接曼哈頓天際線的絕佳位置，迎著哈德遜河的風，望著遠處的摩天大樓愈來愈近、愈來愈近，頗有「曼哈頓、我來了！」的征服感。

Whitehall是史坦頓渡輪的登船碼頭。

每天有7萬人搭乘史坦頓渡輪。

船上的救生艇。

甲板是多數遊客的最愛，可遠眺自由女神。

2004年9月才開始服役的新船。

雖然是新船，船艙卻刻意仿古。

原本是二次大戰的海陸兩棲登陸戰車。

由於Duck Tours十分熱門，週末假期有時一票難求，最好能先從網路上預訂。

Boston Duck Tours

波士頓・水陸兩棲鴨子車
可以開著衝進水裡的車才過癮

撰文：張懿文　圖片提供：Boston Duck Tours

發展起源

原本是二次大戰的海陸兩棲登陸戰車，光榮退役之後，經過一番改頭換面成為水陸兩棲的波士頓鴨子團，帶著一車車的遊客暢遊波士頓各大觀光景點，當然還包括行程的重頭戲

——接受查理斯河的洗禮。由於外型跟車頭都像極了鴨子，所以鴨子車的暱稱也不脛而走。

最大特色

當遊客魚貫上了鴨子車之後，迎接大家的是司機兼導遊

(ConDUCKtor)，透過他風趣幽默的解說，剎時間內對這個美國開國第一都市的歷史有了初步的瞭解，如美國第一個公共公園波士頓公園(Boston Common)、舊市政府(Old City Hall)、金色拱頂的State House等，再轉進精品名店、高檔餐廳林立的Newbury

鴨子車下水水花四濺總是引起一陣驚呼。(照片提供：Boston Duck Tours)

從查理斯河上仰望波士頓的天際線。
(照片提供：Boston Duck Tours)

途經科學博物館鴨子與恐龍合影留念。
(照片提供：Boston Duck Tours)

由於外型跟車頭都像極了鴨子而被稱為鴨子
車。(照片提供：Boston Duck Tours)

鴨子車原本是二次大戰的海陸兩棲登陸戰
車。(照片提供：Boston Duck Tours)

鴨子車隊煞是壯觀。
(照片提供：Boston Duck Tours)

Street，以及以海鮮聞名的昆西市場(Quincy Market)等。

行程的最高潮莫過於鴨子下水的那一剎那了，當原本奔馳於馬路上的車子變成航行在查裡士河(Charles River)上的船，飛濺起的水花把全車遊客都逗得哇哇大叫！回過神來，波士頓及劍橋的天際線已盡收眼底，這是在陸地上所見不到的角度，每個人莫不張大了眼睛，深怕錯過任何一個美景。

如何體驗

對一個初來乍到波士頓，又想在最短時間內逛遍市區的人而言，Duck Tours無疑是最佳的選擇，因為2個小時的行程內，波士頓的旅遊重點盡收眼底，在對這個城市有了初步概念後，再挑選有興趣的景點深入探訪。由於Duck Tours十分熱門，週末假期有時一票難求，最好能先從網路上預訂，同時查詢上車的時間及地點，因為它並不是隨招隨停的喔！www.bostonducktours.com

紐奧良·慾望街車
白天黑夜一覽紐奧良風情

撰文·攝影：張懿文

目前紐奧良的街車一共有三條路線—St. Charles Line, Canal Street Line以及Riverfront Line。

從1831年穿梭於紐奧良市區的街車，是美國還在街上跑得最古老的街道鐵路系統。

搭街車可逛遍紐奧良主要景點。（照片提供：NewOrleansOnline.com）

發展起源

「他們告訴我搭乘一輛名為慾望的街車，然後轉搭墓地號，搭六條街後在Elysian Fields下車」(They told me to take a streetcar named Desire, and then transfer to one called Cemeteries and ride six blocks and get off at—Elysian Fields!)— Blanche DuBois，田納西威廉斯的慾望街車。

雖然田納西威廉斯的慾望街車為紐奧良的街車打響了知名度，但是如果興致勃勃的捧著劇本來紐奧良按圖索驥的話，你可要失望了，因為紐奧良的三條街車路線，沒有一條開到Elysian Fields，也沒有叫做慾望的街車。

還好，從1831年穿梭於紐奧良市區的街車，是美國還在街上跑得最古老的街道鐵路系統，目前行駛的35輛街車建於1923-1924年，一輛車平均搭載52個乘客。而單程1.25美金的街車除了一天24小時帶你逛遍紐奧良的主要區域，更迷人的是可以一覽紐奧良的眾生相，不同於舊金山叮噹車

已成為觀光列車，紐奧良的街車因為方便、便宜，仍是紐奧良民眾主要的交通工具。

最大特色

由於紐奧良是全美有名的不夜城，波本街上酒吧、俱樂部林立，不少夜歸人都會搭乘街車回家，所以除了白天搭街車看風景外，晚上街車則是搖身一變為體驗不夜城風情的景點。

有一回深夜搭街車，原本只想兜兜風，陸續上車的乘客卻把街車搞得比白天還熱鬧，原因是有一個帥哥打算跟當晚剛滿21歲，朋友陪她出來慶生的美眉搭訕，千方百計的想邀她回家，旁邊的一個老太太看不下去，訓斥了年輕人幾句，年輕人連忙辯解，他也是正常男人、有生理需求，他又不嫖不賭，這樣有什麼不對！場面一度尷尬，司機連忙打圓場，老太太氣嘟嘟的下車，全車客人早就笑翻了。之後司機還跟坐到底站的我們道歉說讓我們看笑話了，不過這對他而言早已是家常便飯，尤其是深夜的街車，但對我們而言，這可是齣花錢買票都看不到的紐奧良情境喜劇呢。

Toulouse St.街車站。（照片提供：NewOrleansOnline.com）

街車是紐奧良人主要的通勤工具。（照片提供：NewOrleansOnline.com）

古色古香的街車是到紐奧良不可不搭的交通工具。

紐奧良街車美國還在街上跑得最古老的街道鐵路系統。

街車穿越橡樹林蔭大道。（照片提供：NewOrleansOnline.com）

如何體驗

目前紐奧良的街車一共有三條路線—St. Charles Line, Canal Street Line以及Riverfront Line，前兩條路線因行經著名景點French Quarter、Audubon Park等，且沿途景色優美，備受遊客青睞。全長13.2英里的St. Charles Line從商業大樓林立的中央商業區(Central Business District)的Carondelet出發，沿著St. Charles Ave進入橡樹林蔭遮天的花園豪宅區(Garden District)。

沿著Canal St. 行駛的Canal Street Line，則是在當年為了省燃料費而停駛了40年後，才於2004年4月18號重返街頭。Canal Street是紐奧良的主要街道之一，從密西西比河到下城墓園，將市區一分為二。

木製的座椅充滿古意。

街車、汽車在馬路上並行不悖。
（照片提供：NewOrleansOnline.com）

Riverfront Line可到密西西比河水岸。
（照片提供：NewOrleansOnline.com）

Japan
Japan Rail

日本・JR列車
到日本沒搭過JR算你利害！

撰文・攝影：馬繼康

JR PASS通行證

發展起源

在日本自助旅行，若要選最方便的交通工具，應該非火車莫屬了，全長21,000公里，每日26,000班次，全國各地幾乎都有綿密的鐵道網，將你送到想去的地點。

日本國鐵原本是國營企業，因為連年虧損，所以從1987年起開始民營化，分割成JR九州、JR四國、JR西日本、JR東海、JR東日本、JR北海道等六個客運株式會社，採取暨獨立又合作的經營策略，除了定期班車外搭配，還有許多觀光時期的旅遊套裝行程規劃，反而為鐵路事業開展一條生路，創造出亮麗的成績。

JAPAN RAIL PASS
EXCHANGE ORDER FOR
JAPAN RAIL PASS
ISSUED BY JAPAN TRAVEL BUREAU

JR PASS憑證

時刻表每月更新出版

JR PASS通行證內頁

釧路濕原觀光列車

最大特色

旅行者絕對不能挑戰JR列車的準時，如果不信邪，最後可能是在月台上殘念目送火車離去。時刻表每月更新出版，大約像台北市電話簿那種厚度，裡面詳細記載JR全國各條鐵道線的時刻，還有許多對自助旅行者有用的地圖、旅館等資訊。如果要換線轉車，等待的時間也不會太長，一切經過精密的計算，非常方便。

更引人入勝的是火車種類繁多，不同造型的火車在不同路線奔馳，有新潮流線、雙層造型、落地玻璃、卡通專題等等，都能在這個號稱火車王國的國家看得到，讓你目不暇給，眼花撩亂。上車前再買個具有各地特色的火車便當，更能體會日本鐵路的文化風情。

如何體驗

只要買張JR周遊券，便能全日本走透透，有分為7天、14天或21天。只有外國人才能使用的周遊券，在交通費昂貴的日本，簡直就是自助旅行者的福音。不過必須先在台灣購買憑證，再到日本當地幾個大車站兌換。

JR分三種不同等級車廂：自由席、指定席、綠色車廂。憑周遊券可預定一周內的指定席位置，否則就得各憑本事跟別人搶自由

行駛東海新幹線的流線型高速火車。

像是大黃蜂的JR列車。

席的座位。若想利用夜車的自助旅行者，最好先訂位，因為夜車的自由席通常不多。萬一沒搶到，沒座位過一夜可是不好受的，綠色車廂是火車中的商務艙，一般周遊券是不能坐的，除非買的是綠色車廂周遊券，不過價格會稍貴。詳細資訊可上網http://www.japanrailpass.net/。

像是戴著假面超人面具的火車。

北海道・鈴蘭號蒸氣火車
搭蒸氣火車進入劇中的場景

撰文・攝影：馬繼康

Hokkaido Suzuran SL

行駛SL(Steam Locomotive)蒸汽火車頭「鈴蘭」號，也就是鐵道迷俗稱的「黑頭仔」。

SUZURAN的日文意思是「鈴蘭」，鈴蘭花像是自然的小風鈴，花語是「再回來的幸福」。

連結四節車廂

頭兩節的指定席都是冷氣車廂

後兩節沒有空調

鈴蘭號蒸氣火車頭英姿

服務人員都穿著舊式制服

內裝是木製軟墊座椅

發展起源

人們對於冒煙的蒸氣火車都有份特殊的情感，號稱鐵路王國的日本也不例外。日本蒸汽火車在1976年正式卸下運輸的角色，但經過重新賦予生命後，日本境內至今尚有8種形式15輛的各式蒸汽火車，在全國各地繼續營業中。而在日本北海道留萌本線深川到留萌之間，每年不定期都有行駛SL(Steam Locomotive)蒸汽火車頭「鈴蘭」號，也就是鐵道迷俗稱的「黑頭仔」。這輛製造於1940年，編號C11171號的蒸氣火車，曾經出現在NHK連續劇「鈴蘭」中，隨著戲劇的大受歡迎，C11171號蒸氣火車也因此打響了全國知名度，善於包裝的日本人便以在劇中出現的蒸氣火車，搭配順道參訪劇中曾經出現過的場景，吸引觀光客前來，連火車名字也取為「鈴蘭」號。在不算長的行程中途暫停的惠比島(明日萌)車站，便是電視劇的拍攝主場景，火車在這裡停留半小時，不算長的街道上保留著拍戲的種種場景，旅館、商店及食堂都完整呈現劇中的樣式，提供給觀光客參觀。

冒煙的蒸氣火車，是許多人對火車的美麗回憶。

最大特色

SUZURAN的日文意思是「鈴蘭」，鈴蘭是一種可愛的小白花，開花時一串串像鈴鐺般的掛在細細的莖條上，可愛的模樣惹人憐愛，像是自然的小風鈴，花語是「再回來的幸福」，它也是北海道的道花。所以這輛蒸汽火車頭就以這種特別的植物為名，車頭前的車牌上除了有SLすずらん的字樣外，就是鈴蘭花的圖案了。

日本人有辦法透過包裝和行銷的現代手法，把已經日暮西山的古董賦予新生命，在車上不僅販賣各式各樣「鈴蘭」號相關的商品，還會有服務小姐拿著印有「鈴蘭」號之旅的大框板，免費提供你拍紀念照，最後還會由列車長親自發給每個人蓋著他認證印章的「鈴蘭」號搭乘證明書，讓你怎麼樣也忘不了這台老當益壯、依舊健步如飛的火車頭。

如何體驗

在還沒看到「鈴蘭」號之前，本來以為得忍受烏煙瘴氣煤灰和酷熱車廂的雙重考驗，下車時可能臉和鼻孔是不分軒輊的黑。但日本人早就設想周到，原來有改良式的空調車廂，如果你害怕煙味，但又想體驗坐蒸氣火車，這可是最佳機會。

「鈴蘭」號連結四節車廂，頭兩節的指定席都是冷氣車廂，但外表和內裝的設計都搭配黑色蒸汽火車頭的內斂穩重，外表紅棕色，內裝則是具現代感的木製軟墊座椅；後兩節則是保留了以前車廂原貌，沒有空調，也保有以往的煤炭暖爐。車上服務人員都穿著舊式制服，彷彿進入時光隧道；沿途都有鐵道迷為「鈴蘭」號奔跑的英姿留下記錄。

「鈴蘭」號節奏規律且有力的一路敲打著鐵軌與枕木，叩隆叩隆的聲音很容易不自覺的將人帶進往事的黑洞裡。站在最後一節車廂的尾端，看著隨列車經過而逐漸延長，迤邐而去的鐵軌，記憶也如同車輪下的鐵軌，一一的被抽出來。如果遇不上「鈴蘭」號的運行時間，這輛C11171號車頭也有另一變身：SL函館大沼號，詳細資訊可到JR北海道公司網址查詢http://www.jrhokkaido.co.jp/。

中間停靠的明日萌站，是電視劇「鈴蘭」拍攝地點。

明日萌車站維持拍攝時的古味場景，供遊客參觀。

行駛中的蒸氣火車。

Hokkaido
Hakodate light-rail

北海道・函館電車
隨上隨下、無限次的悠哉

撰文・攝影：馬繼康

有軌的電車，本身就是城市的景點之一。

在JR函館車站旁的觀光案內所，能買到函館公共交通工具的一日乘車券，價錢1000日圓。函館的電車曾經在大正15年(1926)和昭和9年(1934)遇到兩次祝融肆虐，燒毀了大半的車輛。

一日乘車券

發展起源

函館，是在19世紀中期鎖國政策被打破後，與橫濱、長崎同為日本最早的國際貿易港，也是搭火車到達北海道的第一個重要城市。因為很早接受西洋文化的洗禮，函館保有許多西洋及異文化的建築，連原本是馬車天下的街頭，在大正2年(西元1913年)也

開通了北海道第一條路面電車(日本漢字為「市電」)，路線是從市區到溫泉鄉湯之川。

函館的電車曾經在大正15年(1926)和昭和9年(1934)遇到兩次祝融肆虐，燒毀了大半的車輛。但這並沒有損害函館人對電車的倚賴，直到現在，仍是函館街頭的特色。

最大特色

早期的電車車廂因為都是從本州島買來的二手貨，並不是針對北海道的氣候而設計，所以駕駛座沒有車門，到了冬天，駕駛員只好穿著雪衣來防禦刺骨的嚴寒。到後來函館也自己著手設計「寒地車種」的路面電車車廂，駕駛員才不必這麼可憐的與大自然搏鬥。現在的電車除了塗上五顏六色的車身外，還引進冷暖氣設備、卡式回數票等最新車種。

電車速度不算太快，但坐在車內隨著有節奏的晃動，悠閒看街景，看到喜歡的店時，就可以馬上下車，算是一種不錯且省力的旅遊方式。

如何體驗

路面電車這種交通工具對我們而言是比較不熟悉的。有電車經過的地方，電線像蜘蛛網般的被架設，天空被切割成許多的幾何圖形，雖雜但卻不亂，抬頭看看也是一種樂趣。

在JR函館車站旁的觀光案內所，能買到函館公共交通工具的一日乘車券，價錢1000日圓，可愛的造型馬上就獲得我的喜愛。一日券上正面是兩隻可愛的小章魚，而背面則是有著著名的函館銀河夜景，再附上一段彩繩所綁著的卡通造型章魚吊飾，把它綁在褲帶上，便可在一天裡任意不限次數的搭乘公車或電車。

電車內部一景。

正在停靠上客的電車。

交通樞紐的函館站前，就可買到電車一日乘車券。

Honshu
Kawane SL

日本本洲・SL川根路號蒸汽火車
日本蒸汽火車復興運動的先驅

撰文・攝影：魏國安

SL川根路號火車頭。

發展起源

路線位置鄰近「名古屋」的「SL川根路號」，一年四季都行駛，且大井川鐵道沿線風光優美，途經聞名日本全國的靜岡茶田、錦繡河川，所以吸引了很多關東或關西地區的旅客，來這裡作一天的鐵道旅行。

日本國鐵JR最後一列蒸汽火車路線，是行駛於「北海道」的「追分」區域內，於昭和51年(1976)3月退役後，宣佈了蒸汽火車在日本鐵道史上，劃下休止符。不過，本洲的大井川鐵道，於同年就恢復了運行「SL川根路號」，並成為了日本蒸汽火車復興運動的先驅。

最大特色

大井川鐵道，並非如日本國鐵JR一樣，將其復興的蒸汽火車大肆修飾包裝一番，而是將蒸汽火車最古老、最感人、最質樸、最純真、最樸拙原始的一面讓旅客知道。SL川根路號始發站「金谷」車站非常的小，容納不到30人，沒有特別的裝飾，售票處沒有電

腦，車票上表示指定座位的編號，以人工填上，標示列車車廂編制的告示板以掛牌表明，入閘口上的路線圖以手繪圖形式表示。

走進早在昭和10年(1930)就啟用的車廂內，立刻就感受到那份懷古的旅感：雖然車廂內照明不足，卻可叫人走得更近，更仔細的專心觀察；即使是木製地板，木製牆身粗糙，座椅褪色，但最能叫人感受到蒸汽火車的粗獷與原始動力；哪管連接車廂之間的位置有些霉爛，門戶沒有上鎖，但又叫人看到蒸汽火車的豁達與不拘。

「SL川根路號」就是一列河川列車，沿途居高臨下的，遠眺大井川廣闊的河道，從窗外吹進來的是山風，是混合了綠色粒子與燒炭粒子的大自然氣息。眼前除了河川山野的嫩綠之外，也有靜岡縣特產－茶田的碧綠。在「家山」站前後的一段路程，窗外都可見一小撮一排排的茶田，茶圍修剪成圓拱形，在列車的慢速之下看，尤像行走在波浪型的地氈之上。

此時，車廂的木製外型廣播器，發出了簡單的音韻旋律，老邁略帶沙喉聲的老伯，唱出川根路號列車之歌，非常親切，這是

一首為乘客帶來幸福的老樂曲；老婆婆們邊拍手邊唱，甚是興奮，又是一首回憶之歌……SL川根路號繼續在茶田、川流及青山之中，冒著黑煙的行駛……。

如何體驗

「SL川根路號」除了12月至3月期間，每週休息一至兩天之外，列車一年間差不多每日都運行。路線全程約1小時15分，無論左右兩側都可觀賞到美麗風景。由於川根路號為私營鐵路公司經營，JR Pass不適用，乘車券加上指定席車券，合共2370日圓。

停靠在月台邊的火車頭還不斷冒煙呢。

古老的木製內裝車廂。

樸實的新金谷車站。

列車沿途經過不少茶田。

要買紀念品嗎？

印度教徒所謂的人生四大樂趣：「住瓦拉納西、飲恆河水、敬濕婆神、結交聖人」

包船遊恆河1小時為80盧比。

India
Ganga Rowboat

印度・恆河手划小舟
遊蕩感受豐富的聖河風景

撰文・攝影：馬繼康

慢悠悠的在恆河划船，享受宗教的靈性。

發展起源

印度教是印度最大的宗教之一，而位於印度北方邦的瓦拉納西(Varanasi)可以說是印度教徒的聖城，地位猶如回教徒的麥加。這個相傳由濕婆神(Shiva)創造的城市，擁有1500座以上印度教寺廟，傳說從西元前6世紀就已經存在，而流經瓦拉納西的恆河，更是印度教徒心目中的聖河，印度教徒所謂的人生四大樂趣：「住瓦拉納西、飲恆河水、敬濕婆神、結交聖人」，前三個便是得在瓦拉納西實現。正因為每年有如此多的信眾前來朝聖，搭船遊河便成了朝聖者的另一項重點行程。

最大特色

印度人相信恆河是最接近天堂的地方，也相信恆河的水可以洗淨人的罪惡，因此從出生到死亡，都能在瓦拉納西這段恆河看到。你可以沿著河邊20幾個的河階壇(Ghat)逐一行走觀察，但最佳的方式其實是從

從河面上看岸邊洗衣服的洗衣工人。

恆河日出的景色，也是瓦拉納西一景。

我們要靠岸，也有人正要出發。

船與人擠在一個河階壇。

河面上觀賞河階壇上發生的一舉一動，要有這樣的角度，手划小舟是最好的選擇。人們通常在清晨或是黃昏時刻，雇條小舟，隨著船夫划槳的頻率，在河心中慢慢地遊蕩。像是進入到遊樂園的水上探險世界，只是這裡的色彩更鮮豔，活動更迷人。

如何體驗

走在河階壇上，三不五時就會有皮膚黝黑的船夫向你招攬遊恆河的行程，一點也不費力，要花功夫的，只是怎麼從中去挑選一個看來忠厚樸實的船夫而已。不僅觀光客會搭船，對於難得來到聖地一遊的印度教徒，也不免俗的以這種方式來認識聖河。不管是逆流而上還是順水而走，每個河階壇就是一個地標，有的是火葬場，有的是祭祀壇，也有人在河邊沐浴、洗衣。河邊人們的活動牢牢抓住船上遊人的目光，包船1小時為80盧比。

雖然大部分的機動三輪車會設置計程表，一般來說，搭乘機動三輪車還是可以講價的。在車陣中，記得要搗住口鼻，不然置身陷機動三輪車排放的柴油廢氣中。

India
Auto Rickshaw

印度・機動三輪車
街頭版的李棠華外掛特技團

撰文・攝影：馬繼康

一輛空的rickshaw行經電影海報前

從rickshaw的後座看出去的風景

發展起源

　　這種機動三輪車在1940年代初期於印度出現，跟在東南亞及南亞大部分國家常見的嘟嘟車一樣，因為車子行駛中會發出嘟嘟的引擎聲音，因此當地人也把它叫做tuk-tuks。雖然名稱相同，

但造型及大小上會因地制宜而有所不同，在印度更是被發揮的淋漓盡致。

最大特色

　　跟大部分的計程車司機一樣，印度的機動三輪車司機似乎也把

它當作是自己的第二個家，一天的生活作息都離不開它。這也難怪，很多司機都是攢了一筆錢之後，買下一台機動三輪車，當然希望能夠多跑幾趟，不僅能回本，也改善家中經濟環境。雖然大部分的司機階層不高，但英文都是可以溝通的，而且大部分的司機會是你在印度最好的導遊，可以從中問到許多當地有趣的事。在車陣中，記得要摀住口鼻，不然會身陷機動三輪車排放的柴油廢氣中。但這種情形少見，多半都能以兜風心情觀賞街頭上的大小事。

如何體驗

雖然大部分的機動三輪車會設置計程表，費用大約是搭乘計程車的一半，但是一般來說，搭乘機動三輪車還是可以講價的，而且是以整台車來計算，而不是算人頭付費的，上車前一定要先講好價錢，下車再付費，大概30盧比起價。正因為如此，你可以看到街頭常常上演一台柴油三輪車除了裡頭座位外，外面還可掛上幾個人，一台車載上五、六個人不成問題，簡直是李棠華特技團表演街頭版。因為外型小巧，更容易在擁擠的街頭穿梭自如，因為印度是靠左走，有時候不習慣，超車時常常會被嚇出一身冷汗。

在車站外排班的tuk tuks。

tuk tuks車身小、連跳蚤市場也能鑽。

穿越果亞古蹟的tuk tuks。

95

India
Ricksha

印度・人力三輪車
省錢的人力計程車

撰文・攝影：馬繼康

三輪車費並不貴，大約20盧比起跳，上車前要先講好價。
人力三輪車反而是最環保的一種交通工具選擇。

在三輪車車輪上漆上波浪紋

車費便宜

在車蓬上畫上一些圖案

窮人的計程車

街頭上奔馳的人力三輪車

發展起源

　　印度人口是世界上僅次於中國的第二大國，十幾億的人口，最不缺乏的就是人力資源，因此在印度街頭，常常可以看到低階級的勞工出賣勞力來養家活口的畫面，就連交通工具也不例外。除了火車、汽車這些現代交通工具，人力踩踏的三輪車也是城市裡普遍的代步工具。這裡的三輪車跟台灣高雄旗津的三輪車不一樣，它並不是觀光用途，而是確實在生活中發揮功能的一環。在空氣污染及交通問題皆嚴重的印度城市，人力三輪車反而是最環保的一種交通工具選擇。

最大特色

　　有些印度人力三輪車車夫會將自己的車子裝飾，例如在三輪車車輪上漆上波浪紋，或在車蓬上畫上一些圖案等等，不僅美觀，也藉以吸引乘客注意。三輪車在城市的大街小巷隨處可見，愈是窄小的巷子，三輪車反而愈能發揮它靈活輕巧的特性，再加上車費便宜的優點，對於大部分收入

人力三輪車是在印度除了步行以外最省錢的交通工具。

我靠勞力在大街小巷討生活。

如果客人不坐，那麼我們還有什麼工作可以糊口呢？

不高的人民來說，仍然頗受到歡迎，可以說是「窮人的計程車」。所以儘管它們是象徵落後的交通工具，但使用度依舊居高不下。

如何體驗

　　說老實話，當我坐上人力三輪車時，心中都會浮起一種不好意思的異樣感覺，因為三輪車夫多半又黑又瘦，是那種看起來在生活中有著許多磨難的人，而我堂堂六尺以上大漢，一坐上車，車夫似乎需要更加倍辛苦賣力地踩著踏板，從後座看著骨瘦如材的身軀，心中實在不忍，有的時候遇到上坡，還會跳下來幫忙推車，換來的是車夫善意的微笑。但仔細想想，這也是他們討生活的一種方式，如果客人不坐，那麼他們還有什麼工作可以糊口呢？三輪車費並不貴，大約20盧比起跳，上車前要先講好價。

人力三輪車是擺脫擁擠交通的最快方法。

上三輪車前記得要先講好價錢。

我試著從車夫的角度來觀察城市一舉一動。

India Ordinary Bus

印度・雜牌軍巴士
最接近印度人的移動方式

撰文・攝影：馬繼康

許多巴士司機會將巴士
裝飾，悅人也悅己

私人經營

走道狹窄到不行

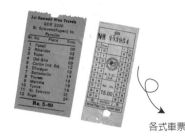

各式車票

多半是柴油引擎

座椅通常是鐵椅塑
膠皮面

發展起源

　　要在面積廣大的印度移動，除了火車，巴士往往也是另外一種選擇。印度的多元化，也展現在巴士的種類上，主要的城際線路上，通常可以找到普通巴士(Ordinary)、快車(Express)、半豪華巴士(Semi-deluxe)、豪華巴士(Deluxe)、豪華空調巴士(Deluxe AC)，甚至有豪華臥鋪巴士(Deluxe sleeper)等各種等級的巴士。後面幾種都是給觀光客，不然就是經濟寬裕的印度人乘坐，大部份中下階層民眾，因為車資便宜之故，都還是選擇普通巴士搭乘。

最大特色

　　印度的普通巴士是由私人經營，只要車輛還能動，就是能夠賺錢生財的工具，內裝不用太講究，座椅通常是鐵椅塑膠皮面，

各式各樣的雜牌軍巴士。

一部部升火待發的巴士。

巴士內部的情景,這麼少的人倒是挺少見的。

走道狹窄到不行,有時候人一多,搞不好連走道也瞧不見。這些多半是柴油引擎的巴士,是不折不扣的雜牌軍,因為每種的車款型態都不一樣,甚至連輪胎胎紋都已磨平,但司機與乘客似乎習以為常,依舊神色自若。雖然品質完全比不上在台灣動輒標榜「總統座椅」、「個人液晶螢幕」的豪華巴士,但卻是接近印度人的最佳方式,所以車上也能看到許多外國背包自助旅行者。

 ### 如何體驗

要搭城市間的巴士通常要到市中心邊緣的巴士站,而且往不同方向,有時還有2至3個車站,上車前要問清楚。除了司機,每輛車都會有個隨車人員,而且清一色是車掌先生,他們不僅攀附在車門邊,不斷大聲重複著要前往的地點,希望能多招徠一些乘客,也擔負收錢買票、提醒乘客下車的工作。

坐巴士旅行通常是較為擁擠的,並且偶爾需要忍受司機播放出來的印度流行音樂,雖然我很喜歡像是詩歌吟唱般的印度音樂,但當在悶熱的車廂及長程的旅途中,這反而變成一種精神折磨。不過看在坐上2小時差不多只要台幣10塊錢的份上,再和車上對於外國人好奇的純樸印度人聊聊天,旅程好像也就不那麼難熬了。

早在西元前3500多年，印度就開始將野生亞洲象馴養。

騎大象也是進入叢林探險的唯一交通工具。

India
Elephant

印度・觀光地大象
高度、速度都叫人印象深刻

撰文・攝影：馬繼康

象背上的四方型圍杆，每人背對背各據一方

大概都是四人騎一頭象

通常會在額頭和長長的象鼻上被畫上彩色花紋

在身上披上五顏六色的彩衣

大象似乎露出疲態，有時候會於心不忍，但這又是當地人的生存方式，常讓人天人交戰

發展起源

亞洲象分布在南亞、東南亞一帶，是陸地上最大的動物，早在西元前3500多年，印度就開始將野生亞洲象馴養，除了利用牠那深不見底的巨大力量開荒、築路、伐木、搬運重物等用途外，更是傳統的一項交通工具。印度人也是崇拜大象的，象頭神甘尼許(Ganesha)更是印度教中主神之一濕婆神的兒子，亞洲象具有大軍壓陣的氣勢，因此在印度，駕駛也會將象頭神畫在車輛上，意在祈求道路暢通，就如同大象所向披靡一樣。

最大特色

印度的名勝古蹟附近總會有這些龐然大物的身影。被人馴養的大象，通常會在額頭和長長的象鼻上被畫上彩色花紋，或者在身上披上五顏六色的彩衣，吸引觀光客的注意並且被僱用。除了名勝古蹟外，若是看到有人騎在象背上穿越車水馬龍的鬧市，也並不稀奇，印度街頭本來就是什麼都有，什麼都不奇怪。在一些國

在風之宮前等待客人的大象與象夫。

家公園內，騎大象也是進入叢林探險的唯一交通工具，不僅安全，也能探訪難得一見的野生動物，更用另一種居高臨下的角度觀察身邊的一景一物。

 如何體驗

在觀光地的大象像是一輛輛的計程車，大部分是提供遊人體驗或是坐在上面照相的機會，所以走的距離並不算太遠。一般來說，大概都是四人騎一頭象，象背上的四方型圍杆，每人背對背各據一方，因此與其說是騎大象，還不如說是坐大象更來得貼切。要上象背通常是先爬上旁邊一個高台，大象便像泊車一樣靠在台邊，等待大家一個個登上，在坐穩之後，騎在大象脖子上的象夫便「駕駛」著這龐然大物，搖搖晃晃上路了。

在印度就算騎大象上街也見怪不怪。

每頭象的主人都會費盡心思打扮大象，也成為攝影留念的對象。

賣票的窗口前永遠是人潮擁擠，但是有些大車站設有外國人專用櫃檯，可以多加利用。

India
Sleeper Class Train

印度‧臥舖火車
享受餐點送到床頭的舒適愜意

撰文‧攝影：馬繼康

印度火車運用最普遍的柴油機車頭。

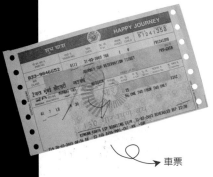

→ 車票

發展起源

印度的鐵路是在英國殖民時期，為了將印度的棉花原料運回英國而開始建造的，從1853年至今已超過150年的歷史。早期印度鐵路的軌寬分為四種，在車輛使用銜接上不符合經濟效益，如今大部分都已經完成規格統一化的工程。印度鐵路長度超過6萬公里，算得上世界鐵路大國之一，因為印度幅員遼闊，火車坐7、8個小時是家常便飯，因此在車上睡覺，起床後便能到達目的地，不浪費時間的臥舖車廂，成為許多印度人與觀光客最喜愛的交通工具之一。

夜深了，臥舖車旅客紛紛拉上門簾，準備睡個好覺。

火車上負責點餐送餐的侍者。

如何體驗

若想在印度搭火車旅行，可先在車站買本火車時刻表，了解班車的狀況與時間。賣票的窗口前永遠是人潮擁擠，但是有些大車站設有外國人專用櫃檯，可以多加利用。火車站龍蛇雜處，常有許多掮客告訴你不實消息，例如車票賣完了，更扯的是跟你說火車停開，初抵的人往往信以為真，這些人的用意無非是希望你參加旅行社的行程，你只要微笑面對，意志堅決，只相信售票員的話，那麼他們也拿你沒輒，這是在印度必要的生存之道。火車票非常便宜，舉個例子來說，從孟買到果亞近800公里，二等冷氣臥舖約台幣800元。

最大特色

印度火車整列班次約掛載16到20節車廂，從頭等軟臥到三等硬座，各種等級都有。掛有臥舖車的班次通常在晚間6點到8點之間開出，在各節車廂外會標明等級，臥舖車廂也會貼上乘客名單以供查詢，以免進入後發現跑錯車廂，造成秩序大亂。

上車後沒多久，服務員會送來就寢用的床單、毛毯、枕頭；除了隨時都有賣飲料零食外，若是用餐時間，也有點餐的服務，每位乘客都會拿到一張Menu，點好之後會送到每個乘客的床前，熱騰騰的咖哩飯斜躺在搖晃的床上吃別有風味。

人客，要床單、毛毯、枕頭嗎？

午後的火車站月台。

孟買有兩條鐵路路線，起點分別是採哥德式建築的維多利亞(Victoria)車站，以及教堂門(Church Gate)車站。

「擠」應該是孟買通勤火車的最大特色。

India
Mumbai Train

孟買‧通勤火車
「擠」出通勤列車的叢林法則

撰文‧攝影：馬繼康

沒門的車廂，常常人滿為患站到車門邊。

從頭到尾沒買票，就這麼抵達目的地，真是太神奇了。

發展起源

以人口計算，1600萬人再加上不斷從鄉下湧入的流動人口，孟買絕對能排名世界五大城市之一。這麼多的人，就像是生氣蓬勃的紅血球，將養分輸送到城市各角落，而扮演血管角色及重責大任的，當屬大孟買地區的鐵路系統。

孟買有兩條鐵路路線，起點分別是採哥德式建築的維多利亞(Victoria)車站，以及教堂門(Church Gate)車站。有點像是世界其他城市的捷運系統，但一字排開的15個月台，不僅是城市內近郊運輸的幫浦，也是長途客運的起點，因此隨時隨地都是人潮眾多。

難得看到這麼少人的車廂，原來是剛到站，乘客尚未上車。

孟買維多利亞車站一景。

最大特色

「擠」應該是孟買通勤火車的最大特色。根據我的經驗，這裡似乎隨時都是尖峰時間，就算車次非常頻繁，但總還是會有不知從哪裡冒出的人潮，車來時就一湧而上塞爆車廂，想要再等下班車避開人潮，好像是個不可能的任務。

通勤火車是沒有門的，不僅上下車節省時間，更能增加運量，因為乘客有時會滿出門邊，兩車交會彷彿都能摸到彼此。因為實在太擠了，通勤列車設有女性專用車廂，更因為密集的班次，發展出全印度絕無僅有的送便當行業，更為忙碌的交通增添有趣的特色。

如何體驗

我在維多利亞車站上車，好不容易搶到位置，但湧入人潮愈來愈多，眼看車門已經被淹沒，我不禁煩惱等會兒該如何拿著大背包，在有限時間內殺出人群。身旁跟我同站下車的先生叫我跟著他，他幫我當開路先鋒！

滿身大汗下車後，我再三跟他道謝，更見識到了通勤列車的叢林法則。車費非常便宜，但令我納悶的是，在擁擠車廂是不可能查票的，但也沒見到出入口在驗票，我刻意跟在當地人後面，發現從頭到尾都沒買票，就這麼上下車抵達目的地，我只能說，這真是太神奇了。

仰賴便捷的通勤列車發展出的送便當業。

正要進站的通勤火車。

為了避免在擁擠混亂的路上與其他車擦撞，很多計程車左右兩側並沒有後照鏡。

TATA是印度最大的汽車生產公司。

India
TATA Brand Taxi

孟買・TATA國產計程車
當地計程車的主流車種

撰文・攝影：馬繼康

座位都小上一號

沒有空調

非常結實

MR O 5185

黑身黃頂的計程車帶有英國
奧斯汀復古車的風格

發展起源

TATA公司是印度國內屬一屬二的跨領域大企業，從電力、鋼鐵的重工業，到日常生活用品的輕工業無所不包，當然也包括汽車工業。TATA是印度最大的汽車生產公司，再加上印度貿易保護嚴格，外國汽車進入常伴隨高關稅，所以路上看到的，很多都是TATA生產的國民車，這跟早期台灣的計程車都是裕隆的品牌有異曲同工之妙。TATA不只生產轎車，大巴士、卡車，各種車型應有盡有。便宜好開的TATA車，也成為孟買計程車的主流車種。

最大特色

孟買最吸引人的街景之一，應該也包含了那些滿街跑，有著鮮豔顏色對比的黑身黃頂TATA牌計程車。這些終日在大街小巷穿梭的計程車，雖是60年代的國產貨，但樣式型態卻像極英國復古小車奧斯汀，連座位都小上一號。讓印度人引以為傲的是，這些國產車雖然粗糙簡陋，但非常

行經孟買印度門的TATA牌計程車。

掛在車外的機械式計價器。

維多利亞車站前的TATA牌計程車。

結實，如今還能使用就是最好的證明。

　　車內沒有空調，計價器是機械式而且通常掛在車外。更特別的是，為了避免在擁擠混亂的路上與其他車擦撞，很多計程車左右兩側並沒有後照鏡，就算有也會折疊起來貼在車身上，算是奇景之一。

如何體驗

　　對我來說，這樣的計程車坐起來不算太舒服，因為車內的空間小，我得屈膝坐在後座，或者將膝蓋頂著前座的椅背，才能讓自己比較舒服，但坐在這種有著殖民時期風味的車裡，朝車窗外觀察這個城市的許多英式建築，是一種特別的感覺。計價表有時只是裝飾，因為在什麼東西都能講價的印度，連計程車資也不例外，上車前可以先確認到底是怎樣的計費方式。而搭乘時，有些司機會沿途推薦許多購物地點或旅館，最好方式就是拒絕前往，以免麻煩。

雖是印度國產車，但卻有英國奧斯汀小車風格。

India
Double Decker

孟買・雙層巴士
車還沒停，乘客已完成上下車動作

撰文・攝影：馬繼康

雙層巴士是為了解決在狹窄、彎繞街道的交通問題。一般車費在3盧比（約2元台幣），上車購票，前往郊區會略貴。

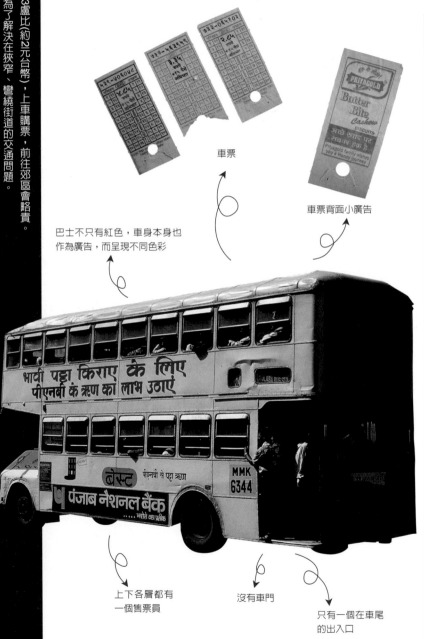

車票

車票背面小廣告

巴士不只有紅色，車身本身也作為廣告，而呈現不同色彩

上下各層都有一個售票員

沒有車門

只有一個在車尾的出入口

發展起源

提到雙層巴士，腦中浮現的大概都是英國倫敦，事實上，印度的孟買街頭也能看到相似的紅色雙層巴士。倫敦第一輛雙層巴士是出現在1954年上路，當時是為了解決在狹窄、彎繞街道的交通問題，沒想到推出後受到好評，很快就被其他國家學習。印度以往為英國殖民地，獨立後依舊為大英國協的成員，受英國文化影響深遠的孟買，自然也效法，企圖解決孟買人多擁擠的大眾交通運輸問題，直到今日，塗裝著熱情紅色的雙層巴士，依舊為孟買街頭增添許多活力。

最大特色

孟買的雙層巴士上下各層都有一個售票員，靠著旋轉樓梯接通上下層，上下車只有一個在車尾的出入口，而且沒有車門，方便乘客快上快下，以儘量減少靠站時對其他交通的防礙。孟買人上下車就像特技表演一樣，車子還

孟買的英國殖民產物：紅色雙層巴士。

雙層巴士加上歐式風格建築，讓人以為身處英國。

繁忙的孟買街頭，總能看到醒目的雙層巴士。

車尾的出入口也能站人，以便在第一時間下車。

沒停妥，就已經有一堆人急著上下車，有時公車根本沒停，上下車的乘客便早已完成動作，就算公車已經駛離，還是有人跑步追上來，然後身形輕盈的跳上車，令人瞠目結舌。各位朋友，印度叔叔可是有練過的，經過多次的訓練，這招也被我學起來，用孟買人的方式上下車。

如何體驗

　　孟買的市區公車其實不僅僅只有雙層巴士，一般單層的公車也不少，只是對我而言，在等車時都會刻意要選擇雙層巴士，如果不是寧願花時間等下一班，沒什麼特別的理由，就是因為新奇嘛！我總喜歡在上車後就直奔上層，因為一般短程的乘客不會花力氣擠著窄小的樓梯到上層，所以上層的空位通常比較多，也沒下層的擁擠。選定靠窗的位置坐好後，便可以居高臨下的觀看街景，我也特別喜歡看上下車時的人來人往。一般車費在3盧比(約2元台幣)，上車購票，前往郊區會略貴，視車程而定，不過都算是非常便宜的價格。

India
Shikara

喀什米爾・西卡拉
載人載貨、買賣生活全靠它

撰文・攝影：王瑤琴

發展起源

喀什米爾位於喜瑪拉雅山南麓，是印度境內唯一兼具有湖光山色的區域。

19世紀英國殖民地時期，喀什米爾是英國人和印度貴族最喜愛的避暑勝地。當時英國人在達爾湖上建造船屋，並且將內部佈置成歐洲的居家模樣，後來這些船屋都變成了特色旅館。

在喀什米爾，除了昔日英國人所建的船屋以外，當地居民都利用填土造地的方式將房屋蓋在達爾湖(Dal Lake)、納金湖(Nagin Lake)、吉赫稜河(Jhelum River)之中，因此日常生活最主要的代步工具，就是一種叫做「西卡拉Shikara」的傳統木船，又被稱為「水上計程車」。

最大特色

「西卡拉」採用當地特有的胡桃木挖空製成，特色是兩頭尖尖地、船身稍寬，呈扁平形狀，每艘約可容納2~4人。達

採用當地特有的胡桃木挖空製成

每艘約可容納2~4人

兩頭尖尖地、船身稍寬

呈扁平形狀

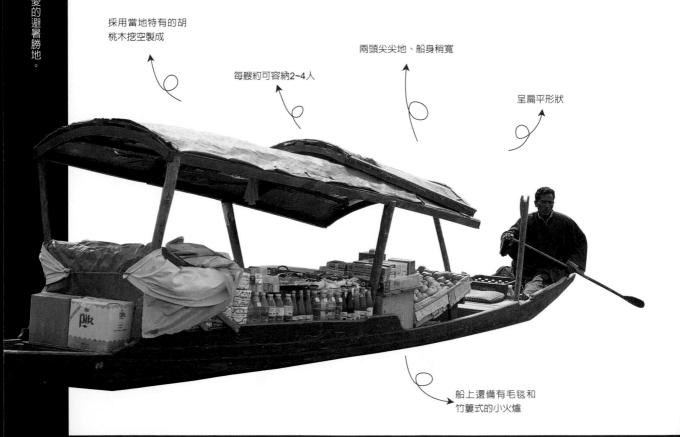

船上還備有毛毯和竹簍式的小火爐

爾湖的居民無論大人或小孩，皆可使用純熟的技巧划動「西卡拉」，通常是由一個人坐在船尾，雙手握持單隻的心形木槳搖櫓前進。

當地人所搭乘的「西卡拉」，樣式十分簡單、也沒有任何裝飾，但是載送遊客的「西卡拉」，不僅船腹上加裝有遮雨篷，座位部分也鋪設著布墊或躺椅；由於喀什米爾氣溫較低，因此船上還備有毛毯和竹簍式的小火爐。

如何體驗

在達爾湖，除了搭乘「西卡拉」前往住宿的船屋旅館以外，還可搭乘這種木造扁舟，穿梭於窄狹的水道之間，沿途觀賞當地人的房舍、田園和生活形態。

另外，最值得前往體驗之處就是本地特有的水上市場。每天凌晨3、4點左右，即可看到達爾湖居民划著「西卡拉」，載送自家栽種的蔬菜水果，來到此地聚集販售。

在水上市場，放眼看去都是身穿寬袍服的喀什米爾男人，他們以物易物或作買賣時，是坐在「西卡拉」上、用一種特殊的手勢在對方的手心比劃著，過程十分有趣。

載滿鍋碗瓢盆的西卡拉船，就像流動的雜貨店穿梭於達爾湖上。

小販划著木船兜售新鮮花卉。

水上市場的交易在西卡拉船上進行。

達爾湖居民和遊客都以西卡拉船為交通工具。

Sri Lanka
Sri Lanka Train

斯里蘭卡·中央山地火車
充滿茶香的火車之旅

撰文·攝影：馬繼康

發展起源

斯里蘭卡位於印度東南方，是個以盛產紅茶聞名的島國。從16世紀起就陸續被葡萄牙、荷蘭、英國統治，直到1948年才獲得獨立。獨立之初的國名叫錫蘭(Ceylon)，後來才改名為如今的「斯里蘭卡」。

在西元1505年葡萄牙殖民者開始入侵後，沿海地帶先後淪為葡、荷殖民地，位於島中央的康堤王國，仍保持獨立。直到西元1815年才淪為英國殖民地，同時引進茶廠，開闢種植園，開始大量生產茶葉和橡膠，以增進母國的經濟利益。

而斯里蘭卡的鐵路便是在1815年被英國殖民者佔領後開始修建，第一條鐵路完成於1865年，不僅通往山區著名的錫蘭紅茶生產地，也同時通往可倫坡，以方便運送茶葉及橡膠等等物資，經由海運送往英國。

在斯里蘭卡，火車分成三個不同等級的車廂。頭等車廂一般是夜間臥舖車，除非在夜間搭車，否則一般列車是不加掛

斯里蘭卡的火車車廂。

的。二等車廂是軟座但並不劃位，絕大多數的當地人買的都是三等車廂的票，票價只要二等車廂的三分之一。

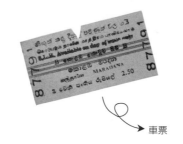

車票

火車的內部座位。

最大特色

從第二大城Kandy坐火車到中央山地，這段路程景色優美，沿途經過綠意盎然的茶園，僅僅162公里的路程，但卻得花約6個半小時，這與翻山越嶺的路程脫不了干係。沿途共有45個山洞，有一個是呈螺旋狀盤旋的，而位於海拔1899公尺的舒密特隧道(Summit Tunnel)，更是斯里蘭卡鐵路最高點，也是濕潤地區與乾燥地區的分界線。路程雖長，但沿路如畫的風光與融入當地生活的樂趣，絕對值得花時間體驗。

有時會車停留較久。這時賣椰子、賣零食的小販便會把握做生意的好時機，在月台上叫賣，或者乾脆到車廂內來兜售。車上乘客也會到月台上或鐵軌上透透氣，舒展一下蜷曲的筋骨。等站務員尖亮的哨聲一吹，各自又回歸原位。

如何體驗

剛啟程從車窗外看出去，溪邊沐浴洗衣的婦女，以及遍野的水稻田是主要景觀；進入山區之後，景色變為山坡上一畦畦翠綠的茶園，還可見到許多採茶的婦女穿梭其間；海拔愈高，兩旁的景色則逐漸轉為柏樹與桉樹構成的森林。景色像是多變的萬花筒，雖然耳邊聽著分明有力，催人入睡的火車節奏聲，但始終不忍睡去，生怕錯過什麼。

要體驗充滿茶香的中央山地火車之旅，通常是從Kandy出發，終點站為Ella，沿途可以在海拔1889公尺，有「小英國」之稱的Nuwara Eliya停留一晚，它是斯里蘭卡紅茶的集散地，在英國人統治期間，於此地建造茶園和製茶工廠，現在這些茶工廠，都成為觀光點，可在此品茶、買茶。

正趕著搭車的乘客。

正在忙著採茶的婦人。

位於中央山地的小車站。

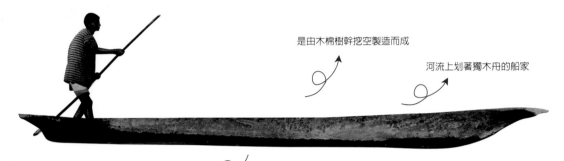

尼泊爾‧奇旺國家公園大象、獨木舟
更貼近拜訪野生動物的法寶

撰文‧攝影：朱予安

孟加拉虎得等3月至5月象草收割後，比較易於發現。皇家奇旺國家公園是尼國境內第一個國家公園，建立於西元1973年。

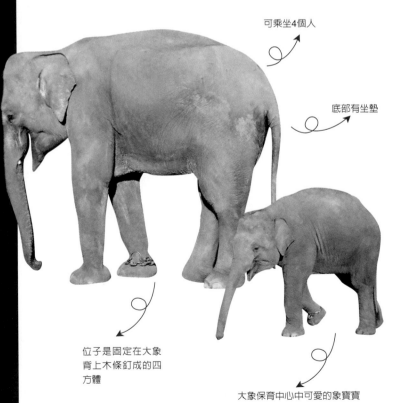

是由木棉樹幹挖空製造而成

河流上划著獨木舟的船家

外觀看起來就像枯木漂浮在水面上

可乘坐4個人

底部有坐墊

位子是固定在大象背上木條釘成的四方體

大象保育中心中可愛的象寶寶

發展起源

皇家奇旺國家公園是尼國境內第一個國家公園，建立於西元1973年。早期此區為皇家的狩獵場，現今又以保育的野生獨角犀牛以及孟加拉虎聞名，為極原始的國家公園，西元1984年被UNESCO聯合國教科文組織列為世界遺產。由於園中部分野生動物性屬兇猛，想要親賭風朵，大象就成了最適合的交通工具，不光是觀光客的特權，連園區內的巡邏也不例外。由於大象繁殖不易，園內也有設置一大象保育中心，可參觀餵食象群的過程，同時也可看到象寶寶可愛的模樣。

而在奇旺國家公園叢林，賞鳥也是另一各重頭戲。園區內約有500餘種鳥類，可趁徒步叢林探險時碰碰運氣，搭乘原始的獨木

舟是種不錯的選擇，對賞鳥有研究的可要記得帶望遠鏡。行舟期間不光是賞鳥，還可順便在沙洲上尋找鱷魚，眼尖的船家在很遠處就可指出有鱷魚正在沙洲上曬太陽。

最大特色

來到奇旺國家公園無非就是想要體驗尋找野生動物的刺激，這邊最著名的就是野生白犀牛。孟加拉虎得等3月至5月象草收割後，比較易於發現。由於大象是陸上體型特大的動物，乘坐大象當交通工具一方面安全，另一方面也比較不會嚇跑野生動物。要先讓大象坐在地上，才可攀爬著象腿坐進木框的位子。每頭大象可乘坐4個人，位子是固定在大象背上木條釘成的四方體，底部有坐墊，每人佔據一角剛剛好。雙腳跨在下角落固定，雙手可扶著上面的木框。這樣大象行走時，才不會滑落。

而賞鳥時搭乘的獨木舟，是由木棉樹幹挖空製造而成，外觀看起來就像枯木漂浮在水面上。水平面變接近船緣，所以坐在獨木舟上有種躺在水面上的錯覺。船家只需撐著一根竹篙，順流而下微風徐來非常的愜意。通常獨木舟內會滲一點點水，每艘獨木舟內都排了幾把木製的小椅子不必擔心。此外，因為船身非常輕，在水上行舟期間也不能有太大左右搖晃的動作，以免整艘獨木舟都會跟著晃動起來。

其中遇見最讓人印象深刻的是出來覓食的西伯利亞鴨，他們出現時都是成雙成對，因為失去配偶也不會獨活。

如何體驗

搭乘大象找犀牛非常有趣，大象不時在叢林間神秘的停下來，忽然又奔走起來，常常弄得我們滿身的樹枝樹葉一頭霧水。等看到出來覓食的犀牛或鹿時，就是一陣閃光燈……回程時，象夫忽然轉頭問我要不要試著駕駛大象，當仁不讓就爬到象頸的寶座上。拉著韁繩踩穩就有樣學樣的搔弄大象的耳根，不時呢喃著安撫大象前進的術語。一直以為是聽象夫的話，才乖乖前進。直到我們在過河時發現有人大喊，一回頭才發現象夫不知何時已經跳下大象。他沒料到我直接指揮大象過河吧，害他得涉水追趕上我們，身手超俐落就跳上來。雖是粉有趣的經驗，但方法不正確玩得腿漫痠的，事後發現象夫駕駛的祕訣在赤腳用腳指頭摳大象耳根，因為那裡比較敏感。

正中午時搭獨木舟，每個人防曬措施都非常周全。

我們這組搭乘的大象及象夫。

駕駛大象的英姿。

Egypt
Felucca

埃及·三角桅帆船

給我風，其餘免談！

撰文·攝影：王瑤琴

主要行駛於亞斯文與路克索之間。

行駛於尼羅河上的帆船，歷史最早可以溯自8千年前，堪稱為現代帆船的始祖。

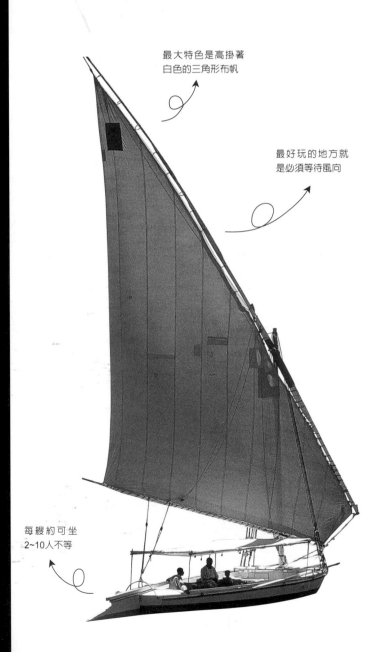

最大特色是高掛著
白色的三角形布帆

最好玩的地方就
是必須等待風向

每艘約可坐
2~10人不等

發展起源

在古埃及的電影中，經常看到這種懸掛著三角帆的浮櫓喀(Felucca)。

行駛於尼羅河上的帆船，歷史最早可以溯自8千年前，起初是用蘆草編織成船形，在上面加裝簡陋的布帆，必須靠著風力才能行駛，堪稱為現代帆船的始祖。

西元前2世紀，地中海各國研發出一種帆槳並用的大型戰船，將甲板下面隔成1~2層，分別用鐵鍊栓住划船的奴隸，每當風力變小或為了加快速度，就由這些奴隸奮力划槳前進，這也是電影中常見的畫面。尼羅河的帆船本來已經逐漸被遊輪取代，後來因為仍有觀光價值，現在變成當地特色交通工具之一。

最大特色

浮櫓喀(Felucca)是埃及尼羅河特有的帆船，最大特色是高掛著白色的三角形布帆，每當迎風而行時，揚起的三角帆會產生動力，使得船隻順利地前進。

搭乘這種三角桅帆船，最好玩

航行於亞斯文與路克索之間的尼羅河帆船。

搭船遊覽尼羅河的埃及人。

從尼羅河遊輪換乘三角桅帆船。

揚起三角布帆的船隻利用風力行駛。

位於尼羅河畔的帆船碼頭。

搭乘帆船參觀尼羅河上的神殿。

的地方就是必須等待風向；萬一遇到風力變小或無風的狀態，帆船不是速度緩慢、就是一動也不動地停擺於水面，有時候還要仰賴汽船拖曳，才能將它拉回岸邊，可以說是完全靠天吃飯的交通工具。

搭乘帆船遊尼羅河，不僅可以瀏覽沿岸的神殿和綠洲風光，也經常可見當地的努比亞(NUBIA)小孩，一邊唱歌、一邊用兩隻手代替雙槳在尼羅河上划船，顯得樂趣無窮。

如何體驗

尼羅河的三角桅帆船，主要行駛於亞斯文與路克索之間，雖然坐起來不像大型遊輪或汽船那般舒適，但是充滿浪漫遐想，仍值得前往體驗。

這種帆船每艘約可坐2~10人不等，搭乘時可自己包下整艘船，也可以幾個人合租以節省費用，行程分別有1~數小時、以及包括餐飲、住宿在內的2~4天套裝旅遊。夏季期間、搭乘尼羅河的帆船，最好選擇下午3~4點以後出航，免得熱得讓人受不了。落日時分，坐在張滿三角帆的船上觀賞夕陽美景，別有一番風情。

搭乘帆船暢遊尼羅河，最好事先打聽好遊河行情，然後再和船東討價還價一番，才不致於被敲竹槓了。

Philippines Jeepney

菲律賓‧吉普尼
就是要吸引眾人目光的騷包模樣

撰文‧攝影：馬繼康

吉普尼多是私人擁有→吉普尼沒有站牌隨招隨停

最早的吉普尼就是源自於二次大戰後改造美軍吉普車的創意

路邊的吉普尼是目光焦點

色彩斑斕

播放出菲律賓的流行音樂

許多鏡子

發展起源

　　菲律賓的歷史受到西班牙及美國文化的大量影響，連交通工具也不例外。據說最早的吉普尼就是源自於二次大戰後改造美軍吉普車的創意，菲律賓人把原本的吉普車車身加長，乘客改由從後門上下車。據粗估，約有40萬輛的Jeepney在這個擁有7107個島嶼的國度裡擔負運輸重任。除了菲律賓外，有許多國家已經也有意引進這種耐操且又特別的交通工具，作為交通及觀光用途。唯一的缺點大概是使用柴油，常造成空氣污染。

每輛吉普尼造型都不一樣以吸引乘客

固定的路線，就寫在車子的側面

最大特色

被裝扮成五花八門不同樣式的吉普尼，開在路上那副花枝招展的模樣，令人想不注意都不行。吉普尼多是私人擁有，因此每部車的主人無不花費心思，將外觀佈置的色彩斑斕。有的裝上大喇叭，有的安裝許多鏡子，甚至還會播放出菲律賓的流行音樂，騷包樣比起台客開的車有過之而無不及。它擔負了許多中、短程距離的大眾交通，從都市到鄉村，從康莊大路到崎嶇的山路，吉普尼的身影總是會出現。大致上每輛吉普尼都有自己固定的路線，而且就寫在車子的側面，方便乘客了解。

如何體驗

雖然是大眾交通工具，但吉普尼沒有站牌，基本上是隨招隨停的，想要下車，也只要用手敲敲鐵皮車身即可。最好的位置是在司機旁邊，後頭的座位就是兩條長凳面對面而坐，對我來說，高度略顯不足，往往有人在屋簷下，不得不低頭的感慨，但對身材不算高的菲律賓人來說則是剛剛好。一般來說後座大概可以坐12到20人不等，要看車身的長度，不過有的時候，外掛乘客也是常見的。價錢依距離遠近而有所不同，但都很便宜，可以先問同車的乘客，雖然錢不多，但被司機當冤大頭敲也挺不舒服的。

被裝飾的花枝招展的吉普尼。

行駛在泥地的吉普尼。

吉普尼是菲律賓重要的交通工具。

行經北依洛克斯省政府前的吉普尼。

泰國・嘟嘟車
在曼谷街頭上演007龐德特技

撰文・攝影：馬繼康

曾經在曼谷舉辦的APEC高峰會，便安排各國領導人搭乘嘟嘟車。

費用便宜，大約20到40泰銖。

車身繪上色彩
鮮豔的圖畫

沿路尋找客人
的嘟嘟車

有些嘟嘟車會插上
各國旗幟

車身小

易於穿行於車流之間

發展起源

嘟嘟車，泰語稱之為Samlor，英文名叫Tuk -Tuks，和印度的rickshaw一樣，其實也是一種機動三輪車，也是因為跑起來會發出「嘟、嘟、嘟」的排氣聲而得名。若你還不知道，那麼你應該還記得章子怡跟飾演007情報員的皮爾斯布洛斯南，在一支信用卡廣告裡，便是坐上嘟嘟車，在曼谷街頭上演龐德特技，那呼嘯的引擎聲和靈活的鑽車陣工夫，應該可以讓你印象深刻了。滿街跑的嘟嘟車也成為泰國的特色，曾經在曼谷舉辦的APEC高峰會，便安排各國領導人搭乘嘟嘟車，體驗截然不同的交通文化，也讓嘟嘟車一舉躍上國際舞台。

最大特色

這種機動三輪車外貌普通，並沒有什麼驚人之處，遮頂的車蓬，雖可以抵擋日曬雨淋，但車身矮小，常常看到人高馬大的外國人擠身在並不算寬敞的座位上，十分彆扭，但是如果你跟人家說，來泰國沒坐過嘟嘟車，那

幾乎可以說失去來泰國的意義，當場遜掉了！嘟嘟車是曼谷的特色之一，它因車身小，易於穿行於車流之間而受到歡迎。有些車身繪上色彩鮮豔的圖畫；也有些嘟嘟車會插上各國的旗幟，展現曼谷作為一個國際化都市的繽紛色彩。

如何體驗

只要你是外國人，不管在哪裡都會有嘟嘟車主動靠近招攬生意，嘟嘟車司機可以算是城市導遊之一，只不過他們多半會跟你推薦半天兜風行程，由他帶你造訪幾座著名佛塔，費用便宜，大約20到40泰銖，但多半會帶你到金飾店或西服店購物，這些店不買也沒關係，但嘟嘟車司機會請你進去晃晃，因為他們會有些油費補貼或佣金可拿，這也是他們的重要收入來源，如果不喜歡，就不要接受司機半日遊的邀約，只坐點對點，就能避免這樣的困擾。還有些司機會向你出示娛樂場所或美女的圖片，充當起皮條客，只要說不需要就可以了。

嘟嘟車的司機有時也是城市導遊，帶你認識這座城市。

在曼谷的自助旅行者聖地卡歐桑路，嘟嘟車如影隨形出現在你身邊。

嘟嘟車不僅是交通工具，也是商家店頭裝飾。

嘟嘟車提供旅行者最方便的交通。

53號公車發車頻率大約3到5分鐘就有一班車，上車買票，每次車資只要7泰銖。

每天約有4百萬人依賴它在城市移動。

車票

泰國‧曼谷53號公車

一台車跑遍精華路線

撰文‧攝影：馬繼康

發展起源

公共交通的起源可追溯至西元1826年，其中最普遍的要算是公車了，這也是城市發展過程中不會缺席的角色，在東南亞最大的城市曼谷也不例外。曼谷的公車系統，隨著在二次大戰後的逐漸發展，造就了現今數百條的公車路線系統，每天約有4百萬人依賴它在城市移動。曼谷公車可大致分為三類：空調型、紅白相間的普通型，以及綠色車身的迷你小巴士。在交通擁擠的曼谷市區，也有公車專用道，以便在交通尖峰時間能快速運載乘客。

披著當地公車外表的53號「觀光公車」。

最大特色

53號公車起點是從曼谷(Hua Lamphong)火車站前開始,沿途經過位在耀華力路(Yaowarat Road)上的中國城、讓曼谷有著「東方威尼斯」浪漫美稱的昭披耶河、大皇宮、玉佛寺(Wat Phra Kaeo),以及自助旅行者的聖地卡歐桑路(Kaosan Road),這些地點都是觀光客常聚集的地方,也是來到曼谷必定造訪之處,只要坐上53號公車全部一次搞定。其實它不是專為觀光客設置的觀光巴士,而是一般曼谷市民搭乘的公共汽車,所以經濟方便又實惠,不管新手還是老鳥,都可以利用這條路線,來趟曼谷精華一日遊!

如何體驗

53號公車發車頻率大約3到5分鐘就有一班車,上車買票,每次車資只要7泰銖,如果不知道在哪一站下車,買票時記得將要去的地方告訴車掌小姐,請她到站前提醒你下車。萬一真的坐過頭,也不用緊張,因為53號公車去與回的路線都是相同的,所以只要到對面搭車回到原地就行了。車上不僅可觀察窗外曼谷庶民的日常生活,在公車行進中,更是見車掌小姐一邊用特製的鋁罐子撕票、收錢、找錢,動作乾淨俐落,絲毫不拖泥帶水,而且還記得誰沒買票,也算得上是一門絕技。

53號公車起點的曼谷火車站。

迷你可愛的綠色小巴士在街頭總會吸引目光。

坐在公車上瀏覽熱鬧的中國城也是旅遊的方式之一。

熱鬧的中國城是53號公車停靠站之一。

53號公車可到曼谷的昭披耶河,途中尖塔為鄭王廟,也是曼谷的地標之一。

Thailand Motorbike Taxi
泰國‧曼谷摩托計程車
打敗塞車惡夢的最佳選擇

撰文‧攝影：馬繼康

街邊的motorbike taxi就是曼谷市民解決交通問題的方法之一，當地人管它叫「motorcy」。上車記得跟駕駛要頂安全帽。

多半是類似台灣野狼125的打檔車

上車前要先講好價錢

司機在一旁看報紙，打發等待客人的時間

多半以有組織的公司型態出現

發展起源

　　泰國首都曼谷的交通堵塞是出了名的，尖峰時間不用說，就連離峰時間也會莫名其妙的卡在路上動彈不得，讓趕時間的人心急如焚。雖然泰國政府正努力興建大眾運輸系統，但似乎緩不濟急，因此衍生了許多解決此問題的方式。街邊的motorbike taxi就是曼谷市民因應的方法之一，當地人管它叫「motorcy」。全泰國粗估有20萬輛的Motorbike Taxi駕駛在「風火輪」上討生活，每天得面對空氣污染和日曬雨淋，也相當辛苦。

最大特色

　　在曼谷街頭的Motorbike Taxi，多半以有組織的公司型態出現，如果有需要，街角巷尾、捷運站口、辦公大樓前或是旅遊景點，一定都可以看到這些穿著鮮豔顏色並有編號的背心，閒閒沒事等著顧客上門的Motorbike Taxi駕駛。被拿來當作motorbike

一支大洋傘，一輛摩托車，就這麼成了計程車招呼站。

taxi的機車型式，多半是類似台灣野狼125的打檔車，耐操擱好擋，是曼谷市民每天打敗塞車惡夢的最佳選擇。但因為畢竟機車這項交通工具是人包鐵，搭乘時在車陣穿梭，還是有它的潛在危險性。

如何體驗

雖然我同樣來自以機車數量聞名的台灣，但坐上Motorbike Taxi，說老實話還是有點緊張，因為我比較相信自己，被別人載總還是會心驚膽跳，不過看旁邊的車子一輛輛被我們「鑽」過，大路塞車就走小巷子，那種賺到時間的感覺還是挺不錯的。上車記得跟駕駛要頂安全帽，不僅是遵守當地法律的表現，更重要的是保障自己的安全，只是曼谷天氣炎熱，脫下安全帽常是滿頭大汗。車資隨著路程遠近而有所不同，上車前要先講好價錢，如果只是純體驗，不趕時間，記得也跟駕駛提醒一下，慢慢騎就好！

我騎車可是很快很會鑽。

座位都是木製椅，不能調整椅面的角度，也沒有座位編號，先搶先贏。早期柬埔寨火車禁止外國人搭乘，除了常翻車出軌，平均約20公里的龜速火車，有心人隨時都能上下車。

Cambodia
Cambodia Train

柬埔寨‧鐵火車
車裡車頂都能坐人，雞鴨牛也跟著上車

撰文‧攝影：馬繼康

發展起源

柬埔寨鐵路以首都金邊(Phnom Penh)為中心，分成兩條線。一條通往西北部，長382公里，建造於第二次大戰前；另一條則通往西南部，全長263公里，建造於1969年。

早期柬埔寨火車禁止外國人搭乘，除了常翻車出軌，平均約20公里的龜速火車，有心人隨時都能上下車，火車上多金的觀光客，很容易成為盜匪覬覦的對象，又因長年爭戰，火車也發展出許多獨特裝備與文化。在以前火車上備有機關槍，好應付突發的戰鬥；車窗也採用鐵製窗戶，而不用玻璃，直到現在依然如此。此外，火車行駛中有可能會碰觸

火車速度之慢，有時令人懷疑是否有在移動

從頭到尾總共有4節車廂

前三節為貨車，最後一節才是有座位的客車

昔日火車行駛中有可能會碰觸到埋設的地雷攻擊，所以第一節車廂通常免費

原本坐2人的位置往往可坐上4、5個人

火車一停靠，便有許多小販前來兜售商品。

車廂是客貨兩用，因為連車頂也能運送家禽。

在車上的乘客。

到埋設的地雷攻擊，所以第一節車廂通常免費。相信還是有人願意冒險一試。我們現在可以輕鬆把這些事拿來當笑話，但在那個人命如螻蟻的年代，坐火車這麼簡單的一件事，卻似乎都是生死交關的人生關卡。活著，真不是一件簡單的事。

隨著時光流逝，火車速度沒變，打劫搶車的情況已不復見，外國人也能隨意搭乘。東南亞國協預計將來興建從東南亞經中國大陸直通歐洲的「泛亞鐵路」，也許這樣的火車就會消失了，也象徵一個時代的結束。

最大特色

列車的連結構成，從頭到尾總共有4節車廂，編制上不算長，但乘客可沒少，許多人就坐在走道上。前三節為貨車，最後一節才是有座位的客車，這是單純從車廂外型上的分法。照實際使用的情況來看，其實並沒有什麼客、貨的差別，乘客若攜帶大型貨物，如牛隻、農產品等，就坐在前三節車廂；反之，如果行李不多的乘客就坐在最後一節車廂，但是兩者的票價並無差別。除了車廂內可以發揮火車載運的功能外，柬埔寨火車連車頂都能物盡其用，別說有人坐在車頂，農民更把待運送的雞、鴨，用繩子將腳捆在一起，放在車頂上運送。我可算開了眼界，也佩服在惡劣環境中求生存的方式，生命，真的是會自己找出路的！

如何體驗

我從金邊搭乘往南到貢布的火車，原本預計6點40分的火車，足足遲了1多小時才來，沒有解釋，大家似乎都很習慣這樣的情形發生，反正一天就這麼一班火車，沒有什麼調度的問題。票價非常便宜，換來的是移動160公里與8小時的長途旅程。

座位都是木製椅，不能調整椅面的角度，也沒有座位編號，先搶先贏。但原本坐2人的位置，在柬埔寨人眼中似乎是太浪費空間了，往往可坐上4、5個人不成問題。一個年輕人看到我旁邊座位中間露出的空隙，二話不說，也沒詢問的情況下，一屁股坐了下來，旁邊的年輕婦女自動的挪了挪位置。年輕人手放在我的大腿上，咧著嘴朝我笑。我知道他沒有別的意思，因為之前的擠車經驗，早已讓我知道他們絲毫沒有人與人之間要保持適當身體距離的概念，只好讓他得了便宜又賣乖。

一般觀光客似乎不會選擇火車作為在柬埔寨旅行的交通工具。不過想要從火車慢板敲擊鐵軌的聲響中，聽到這個國家所曾經遭受到的苦難，倒是強烈建議可以一試。

韓國·雪嶽山纜車

Korea
Seoraksan Cable Car

一路攀高體會天險的峻峭

撰文·攝影：馬繼康

進入雪嶽山國家公園前得先買門票，門票3400韓圜（約110元台幣）。

權金城的纜車站，早上8點便開始營業，來回票價為7000韓圜（約230元台幣），纜車每10分鐘就有1班。

空中纜車全長共計1.2公里

每趟約能搭載約30人左右

位於海拔800公尺

遇到大風時會暫停行駛

正要啟動搭載乘客上山的纜車。

登上權金城，可以現作紀念牌，當作來此一遊證明。

發展起源

位在韓國東北部江原道束草市(Sokcho)的雪嶽山(Seoraksan)國家公園，是韓國境內最負盛名的國家公園，也是最受韓國民眾歡迎的戶外景點。園區內有許多條步道，其中最輕鬆的要算是權金城(Gwongeumseon)步道了，因為不用辛苦地爬山，從山下到山上有纜車可以搭乘。空中纜車全長共計1.2公里，纜車每趟約能搭載約30人左右，帶你登上高處的瞻望台－權金城，若是遇到大風時會暫停行駛。

下山時從纜車裡往下鳥瞰，也有一景色。

纜車落差約600公尺，是輕鬆上山的唯一選擇。

絡繹不絕的遊客往權金城最高處走去。

權金城遍覽雪嶽山公園內的群峰。

最大特色

坐纜車便可輕鬆抵達的權金城，位於海拔800公尺，相傳這裡是在高麗王朝時期，由權、金兩位將軍在一夜之間興建而成的，以抵禦入侵的蒙古大軍，因此得名。要追根究底這是史實或是穿鑿附會的神話其實已經不重要，搭乘纜車從山下一路攀高，確實能體會天險的峻峭感，從山上纜車站還有一小段路便能夠登頂，膽小的人必須四肢並用，但卻是鳥瞰整個國家公園的最佳地點。

如何體驗

進入雪嶽山國家公園前得先買門票，門票3400韓圜(約110元台幣)。進入後沒多久，就能看到前往權金城的纜車站，早上8點便開始營業，來回票價為7000韓圜(約230元台幣)，纜車每10分鐘就有1班。班次還算滿多，但沒想到刻意挑了個非假日來，要搭纜車前往權金城的人還是很多，其中大部分是中學生校外旅遊教學，或是銀髮族的旅行團。所以要搭纜車，記得第一件事就是先買預售票，尤其遇到遊客多時更要如此，以免等待耽誤時間。

韓國・阿爸村渡輪
「藍色生死戀」中的渡輪

撰文・攝影：馬繼康

Korea
Sokcho boat

阿爸村居民搭乘免費，其他人一次200元韓圜(約7元台幣)。於是從日據時期起，當地居民便取港口間最近的距離，設置一艘來往於青湖洞與中央洞之間的渡輪。

阿爸村渡船是當地居民生活中不可缺的交通工具。

發展起源

　　阿爸村位在南韓東北的束草市，由於這裡與束草市區相隔青草湖，出入要繞行一大圈，相當不方便，於是從日據時期起，當地居民便取港口間最近的距離，設置一艘來往於青湖洞與中央洞之間的渡輪(東在韓國相當於台灣的里)。渡輪在韓戰爆發時期曾一度停用，在戰爭結束後，又多了一艘加入營運行列。現在的渡輪是採用FRP材質，於1998年製造，每艘可搭乘35人，每年運載量約20萬人次，已經成為束草市的象徵。

最大特色

　　看過韓劇「藍色生死戀」人都對曾在片中經常出現的渡船印象深刻，劇中女主角恩熙家就在阿爸村，出入所搭的就是這個渡輪，男女主角俊熙和恩熙曾經不斷地來回搭乘，卻始終擦身而過，緣慳無法碰面，常常急壞了身陷劇情中的劇迷，只能大嘆「世界上最遠的距離，就是不知你在我身邊」。這艘不起眼的小

恩熙之家最熱門
紀念品：俊熙、
恩熙對杯

在渡船口岸邊的恩熙之家。

渡船上的旅客等待上岸。

渡船有兩艘，每天來回載運旅客往來。

渡船無動力，完全是靠人力拉動而行。

渡輪，在戲劇走紅後，竟然也成為朝聖之地，來自新加坡、台灣、香港的劇迷，不遠千里來到這裡，只為尋找劇中曾經出現的場景。

如何體驗

　　說這是渡輪，大概許多人不會相信，因為它沒有動力，也沒有熟悉的船隻造型，充其量只是一塊浮在水面的大型浮板，在距離不到100公尺的兩岸綁緊鋼索，以人力用鐵勾來回拉動鋼索渡水，有時候人多，拉繩的船夫還會叫乘客幫忙，以加快速度。看著船夫與乘客間的互動，不像服務業，反而有種家人般的親切與熟悉，我想這艘不像渡輪的渡輪，絕不只是交通工具而已。阿爸村居民搭乘免費，其他人一次200元韓圜(約7元台幣)。而在岸邊有著「藍色生死戀」的拍攝場景「恩熙之家」，可以買個紀念品作為紀念。

蒙古馬是全世界耐力與適應力最強的馬。

只要美金51元就可一圓奔馳草原的夢想。

Mongolia
Horse Camel Cattle

蒙古・騎馬乘駱駝搭牛車
廣大草原上移動的最佳幫手

撰文・攝影：王光玉・陳國瀚

蒙古馬特別矮小，坐在上面不會感覺太高

嚴寒酷暑都可以在野外生存

可長距離奔跑

蒙古人騎馬特別帥氣，人與馬匹彷彿結合為一

沙漠裡騎駱駝彷彿回到古絲路的盛況

發展起源

蒙古的藍天與綠地，與成吉思汗時期一般湛藍、翠綠；這裡的子民，仍穿長袍皮靴，過著千百年不變的游牧生活，以馬匹代步、以駱駝駝運物品、以牛與犛牛拖車運貨。

其中，矮小的蒙古馬在現代人眼中雖是最劣等的馬，但在8百年前卻是成吉思汗稱霸天下的祕密，至今是蒙古人最引以為傲的寵兒。

蒙古馬腿短、身材很矮小，奔跑速度、超越障礙的能力也不及高大的歐洲馬。但蒙古馬是全世界耐力與適應力最強的馬，能夠忍受惡劣環境與食物的不足，長距離不停地奔跑，而且無論嚴寒酷暑都可以在野外生存，甚至隨時勝任被騎乘以及拉馬車載重。除了作為代步工具，也是食物來源之一，蒙古大軍攜帶或騎乘許多母馬，附帶的用以供應馬奶。

善於托運的駱駝與牛隻，則是軍隊移師、搬運蒙古包與後援物資的重要動物，並且可提供人們食用。

動物是蒙古孩童的玩伴。

最大特色

一望無際的蒙古，搭乘吉普車趕路，往往錯失了路途上許多精彩的小東西；徒步健行又太費時費力，不妨以動物代步，嘗試騎駱駝、搭牛車的樂趣，由自己掌控時間與速度。路上可經常遇到土撥鼠以及灰鶴、鷹鷲等鳥類，才發現原來綠色大地藏著許多讓人驚豔的小花朵。

高高騎在駱駝上，居高臨下視野最寬廣，但短時間較難學會控制駱駝，而且上下駱駝必須請駱駝跪坐下來，機動性不高，適合短程的體驗。架牛車漫步很愜意，行進速度慢，適合攜帶大量行李的旅程。

最吸引人的是跨上一匹好馬馳騁蒙古無邊的草原，一圓心中夢寐以求的願望；有了快馬代步，遠方的地平線也不覺得遠。即使沒有騎馬的經驗也無所謂，蒙古馬很矮小跨坐上去並不覺得高，剛開始可由馬夫牽著走，或與馬夫2人共乘一匹，享受快馬奔騰的快感。放開膽子練習約半個小時即可獨自駕馭。

如何體驗

來到蒙古，只要美金5元就可一圓奔馳草原的夢想，旅遊景點的度假村或蒙古包旅館大多可租馬，每小時約US$5(騎駱駝同價)，租整天US$8～20。若計畫騎馬旅行超過10天，亦可向牧民購買馬匹(約US$100)，旅行結束可折價轉賣旅行者或度假村。搭乘馬車、牛車則需特別向牧民商借，沒有一定的價格。

動物能夠判斷騎乘者是否擅騎術，指令要明確而有魄力，行進時不要讓馬兒吃草。若指令不清楚，馬兒可能不聽指揮常停下來吃草；對待駱駝得溫柔些，免得被他的口水噴得滿頭滿臉臭。

騎馬、騎駱駝若姿勢不正確，漫步時並無大礙。但小跑步或跨步奔馳時，屁股與大腿容易被摩擦、撞傷，騎2個小時就受不了。注意觀察蒙古人，彷彿與動物形成共同體，奔跑時屁股只輕沾馬鞍，雙腿半立在馬鐙上、膝蓋與大腿內側夾緊馬鞍，並且配合馬的頻率與馬同步，而不是像拍皮球似地以屁股撞擊馬鞍。

那達慕賽馬的騎手，全是4歲以上的兒童。

這種由犛牛、普通牛配種的下一代，公牛特別會拉車。

小毛驢在蒙古很少見。

蒙古牧民搬家靠駱駝。

和義大利威尼斯一樣，江南水鎮是以水道代替車道。

水鄉裡擁有無數的石拱橋，這是中國建築的特色。

China
Old Boat

江南水鄉・扇板船
穩穩靜靜地划入歷史中

撰文・攝影：陳婉娜

烏鎮水巷裡雕樑畫棟的古意小船。

烏鎮正在招攬乘客的船伕們。

船上沒有發救生衣，但掛著幾個救生圈。

發展起源

　　沒有英國康橋划槳的年輕帥哥帥，划槳的多是上了年紀的老頭，沒有義大利威尼斯的船伕歌聲洪亮，大多是安安靜靜的導覽少了熱情的歌聲，但是從千年就流傳下來的水道，從明朝、清朝時代就留下來的歷史痕跡，來到中國的江南水鄉，不論是有「中國第一水鄉」之稱的周庄，「東方威尼斯」之稱的朱家角，名電視連續劇「似水年華」的拍攝地烏鎮，風光明媚的同里等中國江南水鎮，如果不搭搭這裡古老的扇板船，乘船一遊千年古鎮渠道，真的是辜負了江南最美的流水風光。

最大特色

　　和義大利威尼斯一樣，江南水鎮是以水道代替車道，小船悠哉穿梭巷弄，上了岸，就是人家的大門，甚至是大戶人家的後院。因此，乘船游水巷，最能體驗當地人的生活，像是划船滑入了當地人的生活博物館似的，你可以看見正在岸邊洗衣服的婦女，鄰

扇板船還是以古老的撐篙方式划船的。

朱家角的扇板船掛著兩只紅燈籠，相當詩意。

著河邊開著窗子，一眼望盡房子裡所有的生活景象。水鄉裡擁有無數的石拱橋，這是中國建築的特色，當扇板船划過一座一座的拱橋時，彷彿是中國江南古畫的再現，感覺真的很中國啊！

如何體驗

這裡的扇板船多是木製的老船，有的會掛上幾個中國的燈籠，每當夜幕低下，燈籠亮起，真的是詩意盎然！划槳的多是老伯伯，還是用古老的撐篙方式，雖然水道的顏色是黃濁的(不知是天然的，還是人為的可怕污染)，上船時也沒有發救生衣，但當小船划進水巷，就像划進了古老的歷史課本，兩岸都是明朝、清朝時期流傳下來的屋子，太多的歷史故事、歷史遺跡，讓你恨不得能熟讀整本歷史課本。

如果你喜歡熱鬧，可以選擇已經非常觀光化的周庄，這裡有很多的觀光客，到處都是迎合觀光客的店舖，甚至還有導遊服務，如果喜歡寧靜、自然一點感覺的，我個人喜歡烏鎮，這裡的觀光污染少些，感覺比較純樸。

正在船上搖槳的老伯伯。

周庄有中國第一水鄉之稱。

武夷山・竹筏漂流
體會輕漂萬重山的快意

撰文・攝影：馬繼康

九曲溪竹筏漂流是武夷山風景區的精華，有「不遊九曲枉到武夷」之說。

竹筏漂流興起於1980年代，以武夷山九曲溪最具代表性。

每艘竹筏可坐6個人

用楠竹(當地人稱毛竹)製作而成的竹筏

船夫同時也是解說員

100元人民幣

一葉扁舟頗有山水畫的意境

竹筏正經過武夷山著名景點玉女峰。

發展起源

　　福建山高林密，溪流眾多，水上漂流運動具有得天獨厚的優勢。竹筏漂流興起於1980年代，以武夷山九曲溪最具代表性，武夷山位於福建省西北部，面積大約僅僅只有70平方公里，卻因為境內豐富的自然資源與人文歷史背景，被聯合國教科文組織認定為世界文化與自然雙遺產之地。區內奇峰怪岩非常多，據說有36峰、72洞、99岩及108個景點，而全長62.8公里的九曲溪蜿蜒流經風景區內。一般遊客來到武夷山，山可以不爬，但卻通常不會錯過「竹筏漂流」，因為坐在用楠竹(當地人稱毛竹)製作而成的竹筏上面，可以輕鬆瀏覽山光水色。

竹筏陸續離開岸邊，展開漂流行程。

 最大特色

　　要搭竹筏得先來到距離度假區車程15分鐘的星村鎮，從星村碼頭順流而下到武夷宮上岸，全程約2小時，全長約9.5公里，歷經九曲十八彎，每艘竹筏可坐6個人，稱篙的船夫同時也是解說員，不僅深知溪水流動特性，將竹筏操弄在曲流間輕巧靈活的行進，快意流暢如輕舟已過萬重山；而沿途酒罈峰與李鐵拐、曬布岩、大王峰與玉女峰等等岩石山峰的傳說佚事，一個個都在船夫精采的解說下，似乎也都活靈活現了起來，彷彿重新注入了新生命。

 如何體驗

　　九曲溪竹筏漂流是武夷山風景區的精華，有「不遊九曲枉到武夷」之說。九曲溪溪水像條蜿蜒盤踞山谷間的矯捷巨龍，迂迴彎折成九曲，因此而得名。看著溪邊岩石上的歷朝歷代騷人墨客留下的摩崖石刻詩句，在交通不便利的古代，若要一睹山光水色，可是得花上2天的時間逆流而上，比較起來，現在方便多了，只要付100元人民幣，就有好山好水盡入眼簾。

　　原本身處在嘈雜市鎮裡的亂烘烘心情，一下子便平靜了下來，耳邊潺潺流水，眼中滿眼綠意，當真有隨波逐流的自由與自在。

船夫負責竹筏的速度與方向。

等待客人上門的竹筏。

太平山曾於1989年間，創下了一年6百萬到訪乘客的驚人紀錄。

若使用八達通(即台灣的遊悠卡)的話，就不用買票可搶先入閘乘車。

Hong Kong
Peak Tran

香港・山頂纜車

45度傾斜的上山經驗

撰文・攝影：魏國安

啓用自1888年的山頂纜車，是香港第一種交通工具。(相片拍攝自香港歷史博物館展品)

發展起源

坐山頂纜車到太平山，是一項極受歡迎的旅遊節目，每天黃昏以後，乘車到山頂觀黃昏、賞夜景的人繹絡不絕，太平山便曾於1989年間，創下了一年6百萬到訪乘客的驚人紀錄。

山頂纜車啓用自1888年，是香港第一種交通工具，是當時為要方便居住在太平山上的港督，以及其他外國富商每天上下太平山而興建的。在1938年以前，港督還是住在太平山頂時，纜車最前排的座位上，刻有座位只預留給港督的標示，其他人不得占用；在開車前2分鐘，最前排的座位亦不准乘坐，現在，當然沒有這個規定了。

最大特色

坡度1:2、全長1.4公里的山頂纜車，共有4個中途站，車程約7分鐘，現在每日載客約11222人次。山頂纜車沿途可飽覽港島半山、維港及對岸九龍半島的景色，無論去程或回程皆以右側景色為佳。從總站開出不久，自發

覺纜車愈往上爬，身體就愈往後仰，眼見窗外的高樓大廈幾近45度的傾斜，到中途竟有種躺下來乘車的錯覺，一路悠閒的躺著，突然在叢林間展現出一整片維多利亞港景緻，還在陶醉在美景的同時，纜車就到達了海拔397公尺的太平山頂了。

纜車越往上爬，窗外的高樓大廈就越傾斜。

現時已是全面電力化的電車新裝。

如何體驗

前往太平山觀景的遊客，通常都集中在黃昏時，因為他們都希望同時可欣賞到黃昏及夜景的維多利亞港，所以無論是中環碼頭旁前往花園道纜車站的巴士站前，或是纜車站的售票處，都是排著人龍，若使用八達通(即台灣的遊悠卡)的話，就不用買票可搶先入閘乘車。

花園道山頂纜車總站位於聖約翰座堂對面。遊客可先乘搭地下鐵港島線至「中環」站，從K出口，經行人隧道至天星碼頭，在碼頭前搭乘15C號巴士在總站下車。纜車單程20元，來回收費30元，運行時間由每天07：00至深夜12：00，每15分鐘一班車，年中無休。

每日平均載客量約1萬1千人次的山頂纜車。

目前在香港的300多條巴士路線中，主要由九龍汽車有限公司(九巴)、新世界第一巴士公司(新巴)及城巴分別經營。

香港的第一台雙層巴士，於1949年4月投入服務。

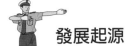

香港・雙層巴士
居高臨下體驗動感香港

撰文・攝影：魏國安

城巴

將市內主要道路兩旁的樹木修剪便於行駛雙層巴士

居高臨下

將店鋪招牌的規格，提高至離地面4.8公尺高也是為了雙層巴士

發展起源

乘坐雙層巴士，在「二樓」上看到車水馬龍，人車爭路的彌敦道，眼見迎面拍來的大型看板擦身而過，自己就好像變成了一個巨人，在狹小的街道上跑步一樣。

香港早在1920年代，已有巴士服務。唯當時只有數台巴士，行駛於九龍區內，尖沙咀至深水埗之間。及至1933年，香港政府實行了「地區專利」制度，劃出「香港島」及「九龍新界」兩個專利區域，每一區由一間巴士公司專營，當時「香港島」的巴士公司為「中華汽車有限公司」，而「九龍新界」的巴士公司為「九龍汽車有限公司」。

踏入1970年代，政府將「地區專利」制度轉變為「路線專利」，容許其他巴士公司加入路線的投標，原本統一專利香港島路線的「中華汽車有限公司」，終在1998年結業。目前在香港的300多條巴士路線中，主要由九龍汽車有限公司(九巴)、新世界

第一巴士公司(新巴)及城巴分別經營，其中「九巴」經營的路線最多，以九龍及新界為主，「新巴」及「城巴」主要是行駛港島路線。

最大特色

香港的第一台雙層巴士，於1949年4月投入服務。戰後大量移民從內地湧入香港，市民對交通工具的需求與日俱增，自此，載客量大的雙層巴士，就成為了香港交通發展史上的一大特色。當時，香港政府更特別為了雙層巴士的行駛，將市內主要道路兩旁的樹木修剪，更將店舖招牌的規格，提高至離地面4.8公尺高。

如今，乘搭行駛在彌敦道的雙層巴士，就可以居高臨下的感受，一面面偌大的看板迎面拍來的驚險場面，眼看不守交通規則的路人，與巴士爭過馬路的險狀。要體驗香港繁忙的都市脈搏，遊客可在尖沙咀天星碼頭前的巴士總站，乘搭1、1A、6A、6或9號巴士至旺角，在雙層巴士的上層，觀賞這一段香港最為繁忙的路段，彌敦道上的夜景。如果想要在彌敦道上，看廣告牌較為密集的路段，可於旺角彌敦道及登打士街交界，或是尖沙咀彌敦道與海防道交界的紅綠燈前都可以看到。

如何體驗

在同一個巴士站上，都有可能出現2至3間巴士公司的路線重疊，所以乘客首先需弄清楚，想要乘搭的巴士路線及其所屬公司。九巴的巴士站牌是紅色，新巴橙色，而城巴則是黃色。在巴士路牌上，標有該路線的停車站列表，以及其時間班次作參考。

另外，從巴士的編號上，也可略知巴士路線的相關資料，若巴士編號帶「M」字母，即代表路線起點或終點在地下鐵站附近；帶「K」字的話，即代表起點或終點在九廣鐵路車站附近；「N」字則通宵晚上行駛的，「A」字即來往機場的巴士，「X」字則快速巴士，停站較少的路線。至於巴士的乘坐方法，則跟香港島的電車相反，上車先付錢，下車門位於車身中間位置。

九巴

新巴

乘搭行駛在彌敦道的雙層巴士，就可以居高臨下的感受香港城市動感。

在同一個巴士站上，有可能出現多間巴士公司路線重疊的情況。

香港・天星小輪
Hong Kong Star Ferry
維多利亞港間的浪漫擺渡

撰文・攝影：魏國安

「乘天星小輪遊維港」這一項遊香港不可或缺的節目，成立已超過100年的天星小輪，始航自1898年，在海底隧道還未通車以前，就是連絡港島與九龍兩岸的唯一交通工具。

發展起源

成立已超過100年的天星小輪，始航自1898年，在海底隧道還未通車以前，就是連絡港島與九龍兩岸的唯一交通工具，至今每日載客量亦高達十萬。至今小輪的名字，仍舊如

開航初期，採用有「星」字的名稱，如「金星」、「世星」、「午星」及「銀星」等。天星小輪在營運早期，主要行駛於維多利亞港內，連接港島與九龍半島兩岸，收費為每人5仙，至今，天星小輪還是橫渡維多利亞港最便宜的交通工具。

最大特色

「乘天星小輪遊維港」這一項遊香港不可或缺的節目，在數年前已被美國國家地理雜誌選為「人生五十個必遊景點」之一。老實說，乘坐已有百年歷史的天星小輪，橫渡維多利

天星小輪至今是橫渡維多利亞港最便宜的交通工具。

亞港，欣賞兩岸城市景觀，確能為旅遊香港的回憶，增添不少浪漫又璀璨的色彩。

建議坐小輪遊維港時，可選擇到小輪的下層、較有老香港味道座席。小輪在行駛時，不但可以嗅聞機組發動的聲響及銅鐵味道，還可以遠看機房內淡黃色調的大型機器，及駕駛艙內船長駕駛的情況，真有種返回上世紀乘船的懷舊感。加上小輪泊岸之時，下層水手拋繩索至岸上水手的情景，實在沒法想像自己置身於一個21世紀的大都會之中。

可在甲板上欣賞維多利亞港風光。

 ## 如何體驗

對於遊客而言，最為常用的，是行駛於「尖沙咀」至「中環」的航線，只需10分鐘，就能連接兩個擁有不少旅遊景點的地區。而這航線有分作上下兩層座席，上層收費2.2、下層收費1.7，除了價錢相差5毫之外，上層座位較下層略多，並特設有部份空調座席，下層則沒有。天星小輪其他航線還有連接港島的灣仔及九龍的尖沙咀。

充滿香港風味的交通方式。

便宜、搭載量又大的天星小輪。

駕駛艙內船長駕駛的情況。

旅遊香港相當方便的交通工具。

143

由於電車發車時會發出「叮叮」聲，因而得暱稱作「叮叮」，所以香港人乘電車會說「搭叮叮」。

每天平均載客量24萬人次，是港島極具規模的公共交通運輸系統之一。

香港・電車
搭叮叮感受老香港的懷舊風貌

撰文・攝影：魏國安

經過的路線時而摩登時而復古。

發展起源

香港電車路線主要覆蓋港島北面，筲箕灣至上環一帶，連接北角、銅鑼灣、跑馬地、中環、金鐘、灣仔等，每天平均載客量24萬人次，是港島極具規模的公共交通運輸系統之一。

至今有百年歷史的香港電車，自1904年已開始運行。首批行駛的電車共26輛，分為頭等車及三等車兩種，前者採密封式設計，可載客32人，後者則開放式設計，可載客48人，全部皆是單層車廂。1912年，隨著乘客不斷增加，電車公司引入了雙層電車共十輛，同樣有分作頭等及三等兩種座位。最初的雙層電車，上層為開放式陽光座席，後來因天氣關係，上層加建了木造上蓋，變為第四代電車，亦即現今電車的設計造型。

40年代，日軍襲港，電車服務曾一度停止，每天只有12輛電車行駛銅鑼灣至上環之間，至1946年和平後，電車服務才回復至每天63輛行駛的正常服務。踏入60年代，經濟開始復甦，為應付乘客量的增加，電車公司更引入了

附設在雙層電車後的單層拖車，並作為頭等車廂之用。十多年後，即1982年，拖車車廂因維修及噪音的問題才被淘汰。70年代初，電車取消了車廂等級制，統一收費，後於76年更取消了車上售票的方法，改為下車投幣的形式，沿用至今。

最大特色

由於電車發車時會發出「叮叮」聲，因而得晒稱作「叮叮」，所以香港人乘電車會說「搭叮叮」。

電車旅程最有趣的地方，就是從「英皇道」左轉駛入「春秧街」，再前往「糖水街」總站的一段小街上：因為春秧街是一個露天的菜市場攤販，坐在電車上可以看見，電車慢慢駛入一條擠滿主婦、魚檔、菜檔、及乾貨檔的市場內，眼看路人全不理會駛近的電車，並走在電車軌上的情景，真有種返回20、30年代一樣，非常有趣。

如何體驗

遊客可以乘坐著至今仍沿用三、四十年代設計的電車，來一個半天遊程，從香港早期發展的上環一帶，走到現今香港的金融命脈「中環」、「金鐘」，再經過「灣仔」、「銅鑼灣」等購物黃金地段，便會到達「北角」總站。

至今有百年歷史的香港電車，自1904年已開始運行。(相片拍攝自香港歷史博物館展品)

電車跟巴士的上、下方法相反，是從後先上車，下車時在司機旁邊的錢箱或八達通收費器付車費，票價一律，不論單程長短，成人票價都是2元。電車站多位於馬路的中間，候車或過馬路之時需加倍小心，某些車站隨標明該站名稱之外，還有接下來三個站的名稱及車程時間，只要認清列車行駛的終點站方向及旅遊目的地方向，就不會上錯車，因為方向就只有港島東或港島西的終點。

只要坐上小電車「叮叮」，無論是途經上環西環的老舊唐樓，或是中環金鐘的摩登大廈，處處都散發著老香港的懷舊風貌。

電車每天平均載客量約24萬人次。

電車會駛入市場中，十分有趣。

非洲
Africa

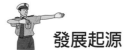

突尼斯・TGM電車
非洲第一條電力驅動的鐵路

撰文・攝影：馬繼康

從TGM電車頭班車是在凌晨3點42分，末班車是在深夜12點半發車。TGM就是分別取Tunis、Goulette及Marsa第一個字母的簡稱。

車票

正在進站的TGM電車。

發展起源

突尼西亞首都突尼斯郊區的交通網起源可追溯自1871年，當時興建了兩條輕軌鐵路，分別從突尼斯到東邊古萊特(Goulette)，另一條則是到西邊巴杜(Bardo)，隔年並將Goulette線延伸至馬薩(Marsa)，成為今日突尼斯TGM電車的前身，TGM就是分別取Tunis、Goulette及Marsa第一個字母的簡稱。除了TGM外，大突尼斯地區上有四條輕軌路線，每日提供市民方便的交通。

最大特色

TGM電車從草創時期的蒸氣車頭演變到今日已使用電力能源，不僅是非洲大陸第一條靠電力驅動的鐵路交通系統，沿線所經過的一些站，像是重要港口Goulette，是英文「咽喉」之

意，因為是穿越突尼斯湖後的第一站，有著重要地理位置；比羅馬帝國出現更早，突尼西亞第一個帝國的迦太基(Carthage)遺跡；充滿地中海藍白風情的小鎮西迪布賽(Sidi Bou Said)，都是來到突尼斯時必定造訪的著名景點， TGM電車也提供了觀光客方便快捷的交通工具。

如何體驗

雖然是回教國家，但突尼西亞是個繁華的熱鬧城市，從TGM電車頭班車是在凌晨3點42分，末班車是在深夜12點半發車，幾乎是24小時不打烊的營運中便可嗅出端倪。我從突尼斯市區搭車，沒多久電車就在突尼斯湖上築起的堤道奔馳，這幕場景有點像是宮崎駿動畫電影「神隱少女」裡出現，在水上行駛的電車。大約25分鐘，電車就來到西迪布賽，讓人剛從突尼斯具阿拉伯風情的麥地那走出，便轉換心情，投入地中海式的浪漫。

從突尼斯上車開始旅程。

TGM起點突尼斯車站。

突尼斯市區的輕軌電車系統。

TGM途中經過的迦太基遺跡也是觀光勝地之一。

藍白風情的小鎮西迪布賽。

每人20Dinar(約台幣780元)。進入西爾札峽谷(Selja gorges)唯一的交通方式。

Tunisia
Red Lizard Train

突尼西亞・紅蜥蜴列車

欣賞西爾札峽谷岩石型態

撰文・攝影：馬繼康

紅色的外觀

紅色的內裝

名符其實的紅蜥蜴火車紅色車頭

發車時間是每週一、二、四、五早上10點30分，星期日則是11點發車

車票

發展起源

紅蜥蜴列車建於西元1910年，原本是突尼西亞在法國殖民時期，行政長官來往於突尼斯和夏宮之間的專門火車，不管是紅色的外觀或是內裝，皆保留了十足殖民時期的風格。隨著盡享特權的殖民時期遠離，在1995年，紅蜥蜴列車在經過突尼西亞國營鐵路局按照原本的配置重新整修後，重現世人面前，不過用途大不相同，是被拿來當作觀光火車使用，路線也從原本的北邊移轉到南邊，為突尼西亞觀光業提供另一項吸引的利器。

最大特色

位在撒哈拉沙漠邊緣小鎮梅特勞伊(Metlaoui)，舉目望去皆是黃土遍地，這座靠開採磷酸鹽礦，看來貧乏的小鎮，卻依舊有觀光客不遠千里，風塵僕僕來到

觀光客魚貫下車欣賞峽谷風光。

紅蜥蜴火車車廂上的標誌。

搭車起始站梅特勞伊外觀。

Seldja車站是火車的折返點。

搭乘紅蜥蜴火車目的就是來看西爾札峽谷。

搭乘紅蜥蜴火車的幾乎都是外國觀光客。

這裡，目的就是為了要搭乘紅蜥蜴列車。光搭火車不稀奇，重要的這同時也是進入西爾札峽谷(Selja gorges)唯一的交通方式。西爾札峽谷不可思議的岩石型態，是位在亞熱帶台灣少見的，這是千萬年前就已經形成的峽谷地形，因為地屬沙漠氣候，雖有河床但大部分的時間都是乾涸狀態。

如何體驗
　紅蜥蜴列車發車時間是每週一、二、四、五早上10點30分，星期日則是11點發車，每人20Dinar(約台幣780元)，要至現場買票，並不接受預約，所以早到比較好，也較有時間觀察這輛復古火車。從梅特勞伊到瑞德耶夫(Redeyef)路線全長46公里，是在1906年為了開採磷酸鹽礦而建，不過紅蜥蜴列車並沒有行駛到終點，而是在中間的Seldja折返，來回約1個半小時。來到西爾札峽谷，列車會停留2次，讓乘客下來欣賞峽谷風光，每次約10分鐘，時間到會鳴笛提醒，所以不用擔心火車會突然跑掉。

穿著傳統服飾的列車服務人員。

Morocco Camel Trek

摩洛哥·駱駝
沙漠之旅因牠而完整

撰文·攝影：黃晴怡

如果要參加沙漠駱駝之旅，最好預先準備足夠的飲水。

摩洛哥(Morocco)南方屬於撒哈拉沙漠的Dunes de l'Erg Chebbiwsp沙丘，堪稱是世界級的美麗沙丘。

長相有趣的駱駝。

發展起源

駱駝從何時開始成為人類在沙漠上的運輸工具已不得而知。乾旱少雨、氣候嚴苛的沙漠地區向來不適合動物生存，除了氣候條件之外，沙漠上時時揚起令人視線模糊的風塵暴，以及寸步難行的綿密沙地，對於人類而言，更是艱苦的環境。也因此更突顯了駱駝對於沙漠地區的獨特適應能力，成就往日人們依賴駱駝成為沙漠運輸工具的主因。

原本是古時沙漠商旅用來運輸貨品的駱駝，如今更增添觀光價值。摩洛哥(Morocco)南方屬於撒哈拉沙漠的Dunes de l'Erg Chebbiwsp沙丘，堪稱是世界級的美麗沙丘。許多電影都不遠千里來此地取景，而今在一旁的梅如卡(Merzouga)小鎮因為發展沙漠觀光業而聚集了數十間的沙漠旅舍，成為摩洛哥的另一項觀光資源，滿足世界各國旅人的探險樂趣。

沙漠中的帳棚營地。

一望無際的金黃沙漠。

沙漠駱駝之旅隊伍在沙漠上形成美麗畫面。

最大特色

對於習慣於城市生活的人們，還有什麼比騎乘駱駝，漫步在一望無際，反射著金黃光芒的撒哈拉沙漠上更具吸引力的呢？

騎乘駱駝不如騎馬需要特殊的技巧與練習，嚮導通常會將數隻駱駝鼻尾以繩子相連來控制行動，除了在起身及蹲下時，因為駱駝的高度及劇烈的搖晃而有些可怕，其餘時間只需掌握將重心放在後方的大原則，你便可以放心的坐在駱駝背上欣賞美麗的沙漠美景。Dunes de l'Erg Chebbiwsp此地大小沙丘連綿不絕、各有高低起伏，有些大型沙丘更達數層樓高。嚮導帶領駱駝隊伍行走在每座沙丘的稜線之上，由於沙漠的質地鬆軟，有時候駱駝不小心踩空，稍微滑落，搞得大伙驚叫連連，更增加了駱駝之旅的刺激性。

如果沒有親身經歷，很難想像行走在一望無際、遍地金黃細沙的廣大沙漠之中，除了偶爾颳起陣陣夾帶塵砂的怪風之外，天地間彷彿只剩下眼前的這行人，隨著駱駝背上的輕微搖晃，如此的景像絕對使人畢生難忘。

如何體驗

位於Dunes de l'Erg Chebbiwsp沙丘旁的梅如卡聚集了數十間沙漠旅舍，每間旅館都提供各種相關的駱駝沙漠之旅行程，可視個人的喜好作選擇，大致分為以下幾種行程：

1. 夜宿行程：黃昏由旅館出發，騎乘駱駝至沙漠中的營地夜宿，隔日清晨返回旅館。提供傳統的簡易晚餐與早餐，費用約：400-600DH。

2. 日出、日落之旅：由於沙漠的氣溫炎熱，因此擁有片刻清爽的日出與日落是黃金時刻。由於陽光角度的不同，沙漠在日出時刻呈現金黃色調，日落時則轉為略帶粉色的柔美色澤。行程約為2-4小時，費用約為100-200DH。

除了梅如卡旁的旅館提供相關行程之外，在南部大城馬拉喀什也有許多旅行社提供由馬拉喀什出發總計3天2夜的行程。可以一路往南欣賞沿途奇特的公路景色，最後由梅如卡出發前往沙漠中住宿一夜，也是相當不錯的選擇。供應早、晚餐，費用約為450DH-900DH。

如果要參加沙漠駱駝之旅，最好預先準備足夠的飲水，因為大部份的行程都不提供飲料，加上沙漠周圍水源取得不易，費用自然也不便宜。當然防曬的工作也不能馬乎，太陽眼鏡、帽子、防曬乳液，當然也可以學習當地柏柏爾人用長巾包裹頭頸，遇到風沙時還能拉起來當口罩！如果有夜宿的打算，更要注意保暖的問題。

澳 洲

Australia

紐西蘭‧基督城電車
在基督城玩不必租車

撰文‧攝影：語恬

沿著市區外圍行駛的電車，全長約2.5公里，一共有9個站。只要在任意一個站牌處等車，很快就有電車到站。

發展起源

基督城，原本在1880年代使用的主要交通工具是蒸汽火車，而經過時間的更迭，那古老的蒸汽火車，曾經改為柴油引擎，接著一連串的更新，直到1954年，才完全被現今的電車所取代。

沿著市區外圍行駛的電車，全長約2.5公里，一共有9個站，連接大教堂廣場、藝術中心、鐘塔、Casino、維多利亞廣場、新攝政街……，不論是逛街購物或公園散步，還是想來個露天咖啡，搭電車絕對是當地的首選。

來到基督城，可先利用此電車，來個城市概況瀏覽，像個當地人，一路上，隨著街景悠閒地在車中搖呀晃的，遠遠看見教堂廣場，就從容拉鈴下車，玩那超大型露天西洋棋、在用紅色磚塊及白石建成的超大型Starbucks來杯咖啡，再等一會兒電車又來了，上車後，不久又下車到跳蚤市場走一小段，尋尋寶、看一會兒街頭藝人表演，藉機湊一湊熱鬧，或到維多利亞公園尋找那記憶之橋，來愛芬河划船、被鴨鴨跟天鵝追逐……

REGENCY DUTY FREE

CHRISTCHURCH TRAMWAYS.

鐺鐺鐺電車來囉。

最大特色

電車的車身跟車票一樣有木頭的質感跟味道，坐在車裡，就如同在一間精緻的木造小餐館裡用餐一樣，裡外的視覺都透著溫馨舒適的氛圍，一點兒都不會讓觀光客的我們，因為身處異國，而有不自在或冷漠的感覺，甚至，喜歡這樣上上下下的，感受她的親切感。

電車的軌道成一大大的長方形，環繞著市區主要熱鬧景點，頭頂著電路平順的走在大街道中，有時會穿梭而過一些較狹窄的小路，偶爾也會叭叭兩聲，那超古典傳統的喇叭聲音，搭配著這車型、車身、軌道，讓人不由明瞭之所以叫做「懷舊電車」的原因。

電車也是一種，讓小孩最快融入當地情境的工具，因為，車上常有一些居民帶著小孩，像我女兒剛開始很害羞，不敢和他們打招呼，幾次客人上上下下後，終於就能自然地與他們打招呼了。

如何體驗

只要在任意一個站牌處等車，很快就有電車到站，此時，車掌先生或小姐就會下車，和藹的詢問客人計畫在此「停留幾天？」，待知道結果後，便熟練地在車票上打3個洞，分別是使用截止日期的西元、年、月跟日。

一路上，我們隨上隨下，自由自在地選擇要停留的地點，一點都沒有使用原本那部一到基督城就租來的車，所以深刻地了解到，在此城市是不必租車的，只要善用便宜的電車，便可逛遍城市，甚至巡迴在夜色中，在這英式風格的城市街道上用餐，來段浪漫的餐車之旅，輕鬆之餘又能省下一筆可觀的租車費用！

成人票價是紐幣12.5元(2005年5月)。

古典的軌道靜靜地躺在夜色中。

餐車的車身有大大的標示。

基督城攝政街。

像餐館一樣舒適的電車。

電車上害羞的兩個小女生。

157

旅行世界，非玩不可的交通工具

編　　著　太雅生活館
美術設計　鮑雅慧

總 編 輯　張芳玲
書系主編　劉育孜

太雅生活館 編輯部
TEL：(02)2880-7556　FAX：(02)2882-1026
E-MAIL：taiya@morningstar.com.tw
郵政信箱：台北市郵政53-1291號信箱
網頁：www.morningstar.com.tw

發 行 人　洪榮勵
發 行 所　太雅出版有限公司
　　　　　111台北市劍潭路13號2樓
　　　　　行政院新聞局局版台業字第五○○四號
分色製版　知文企業(股)公司 台中市工業區30路1號
　　　　　TEL: (04)2358-1803
總 經 銷　知己圖書股份有限公司
　　　　　台北分公司 台北市羅斯福路二段95號4樓之3
　　　　　TEL: (02)2367-2044　FAX: (02)2363-5741
　　　　　台中分公司 台中市工業區30路1號
　　　　　TEL: (04)2359-5819　FAX: (04)2359-5493

郵政劃撥　15060393
戶　　名　知己圖書股份有限公司
初　　版　2005年9月10日
定　　價　280元
（本書如有破損或缺頁，請寄回本公司發行部更換）

ISBN　986-7456-54-8
Published by TAIYA Publishing Co.,Ltd.
Printed in Taiwan

攝影／吳靜雯

攝影／陳婉娜

國家圖書館出版品預行編目資料

旅行世界，非玩不可的交通工具 / 太雅生活館編著.
　　── 初版. ──臺北市：太雅，2005【民94】
　　面：　公分. ──（Life Net世界主題之旅：23）

　　ISBN 986─7456─54─8（平裝）

　　1.交通與運輸

557　　　　　　　　　　　94014864

攝影／吳靜雯

很高興您選擇了太雅生活館(出版社)的「個人旅行」書系，陪伴您一起快樂旅行。只要將以下資料填妥後回覆，您就是太雅生活館「旅行生活俱樂部」的會員。

23

這次購買的書名是：世界主題之旅／**旅行世界，非玩不可的交通工具**

1.姓名：＿＿＿＿＿＿＿＿＿＿＿＿ 性別：□男 □女

2.出生：民國 ＿＿＿＿ 年 ＿＿＿＿ 月 ＿＿＿＿ 日

3.您的電話：＿＿＿＿＿＿＿ 地址：郵遞區號□□□ ＿＿＿＿＿＿＿＿＿＿

    E-mail：＿＿＿＿＿＿＿＿＿＿＿＿＿＿＿＿＿＿＿＿＿＿＿＿＿＿＿

4.您的職業類別是：□製造業 □家庭主婦 □金融業 □傳播業 □商業 □自由業
                  □服務業 □教師 □軍人 □公務員 □學生 □其他＿＿＿＿

5.每個月的收入：□18,000以下 □18,000~22,000 □22,000~26,000
    □26,000~30,000 □30,000~40,000 □40,000~60,000 □60,000以上

6.您從哪類的管道知道這本書的出版？□＿＿＿＿＿報紙的報導 □＿＿＿＿＿報紙的出版廣告
□＿＿＿＿＿雜誌 □＿＿＿＿＿廣播節目 □＿＿＿＿＿＿網站 □書展 □逛書店時無意中看到
的 □朋友介紹 □太雅生活館的其他出版品上

7.讓您決定購買這本書的最主要理由是？ □封面看起來很有質感
□內容清楚資料實用 □題材剛好適合 □價格可以接受
□其他＿＿＿＿＿＿＿＿＿＿＿＿＿＿＿＿

8.您會建議本書哪個部份，一定要再改進才可以更好？為什麼？
＿＿＿＿＿＿＿＿＿＿＿＿＿＿＿＿＿＿＿＿＿＿＿＿＿＿＿＿＿＿＿＿

9.您是否已經帶著本書一起出國旅行？使用這本書的心得是？有哪些建議？
＿＿＿＿＿＿＿＿＿＿＿＿＿＿＿＿＿＿＿＿＿＿＿＿＿＿＿＿＿＿＿＿
＿＿＿＿＿＿＿＿＿＿＿＿＿＿＿＿＿＿＿＿＿＿＿＿＿＿＿＿＿＿＿＿

10.您平常最常看什麼類型的書？□檢索導覽式的旅遊工具書 □心情筆記式旅行書
□食譜 □美食名店導覽 □美容時尚 □其他類型的生活資訊 □兩性關係及愛情
□其他＿＿＿＿＿＿＿＿＿＿＿＿＿＿＿

11.您計畫中，未來會去旅行的城市依序是？ 1.＿＿＿＿＿＿＿ 2.＿＿＿＿＿＿＿
3.＿＿＿＿＿＿ 4.＿＿＿＿＿＿ 5.＿＿＿＿＿＿

12.您平常隔多久會去逛書店？□每星期 □每個月 □不定期隨興去

13.您固定會去哪類型的地方買書？□連鎖書店 □傳統書店 □便利超商
□其他＿＿＿＿＿＿＿＿＿＿

14.哪些類別、哪些形式、哪些主題的書是您一直有需要，但是一直都找不到的？
＿＿＿＿＿＿＿＿＿＿＿＿＿＿＿＿＿＿＿＿＿＿＿＿＿＿＿＿＿＿＿＿

填表日期：＿＿＿＿ 年 ＿＿＿＿ 月 ＿＿＿＿ 日

廣　告　回　信

台灣北區郵政管理局登記證

北 台 字 第 1 2 8 9 6 號

免　貼　郵　票

太雅生活館　編輯部收

106台北郵政53～1291號信箱
電話：(02)2880-7556

傳真：**02-2882-1026**
(若用傳真回覆，請先放大影印再傳真，謝謝！)

太雅生活館

有行動力的旅行，從太雅生活館開始